W9-AVL-576

ZEIGE-BILD
WÖRTERBUCH
Englisch – Deutsch

ZEIGE-BILD
WÖRTERBUCH
Englisch – Deutsch

© Naumann & Göbel Verlagsgesellschaft mbH, Köln
Alle Rechte vorbehalten
Autorinnen: Katrin Höller, Christina Kuhn
Realisation: agilmedien, Niederkassel
Gesamtherstellung: Naumann & Göbel Verlagsgesellschaft mbH, Köln

ISBN 978-3-625-12964-6
www.naumann-goebel.de

INHALT

INHALT

The Human Body – Der menschliche Körper

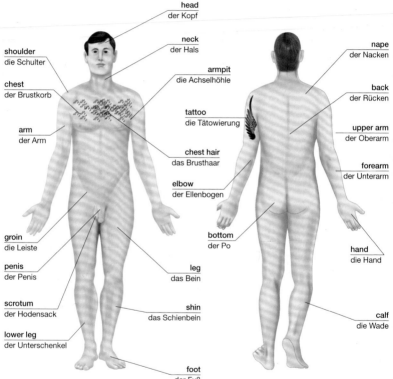

head
der Kopf

neck
der Hals

armpit
die Achselhöhle

tattoo
die Tätowierung

chest hair
das Brusthaar

elbow
der Ellenbogen

bottom
der Po

leg
das Bein

shin
das Schienbein

foot
der Fuß

shoulder
die Schulter

chest
der Brustkorb

arm
der Arm

groin
die Leiste

penis
der Penis

scrotum
der Hodensack

lower leg
der Unterschenkel

nape
der Nacken

back
der Rücken

upper arm
der Oberarm

forearm
der Unterarm

hand
die Hand

calf
die Wade

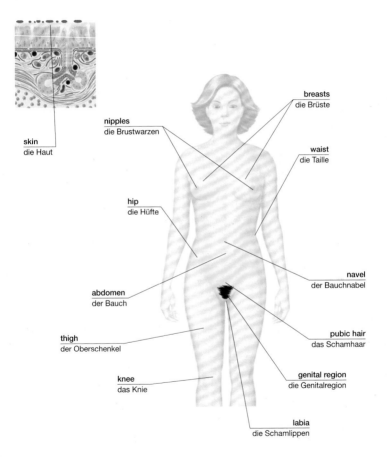

skin
die Haut

nipples
die Brustwarzen

breasts
die Brüste

waist
die Taille

hip
die Hüfte

navel
der Bauchnabel

abdomen
der Bauch

thigh
der Oberschenkel

pubic hair
das Schamhaar

knee
das Knie

genital region
die Genitalregion

labia
die Schamlippen

Muscles and Skeleton – Die Muskeln und das Skelett

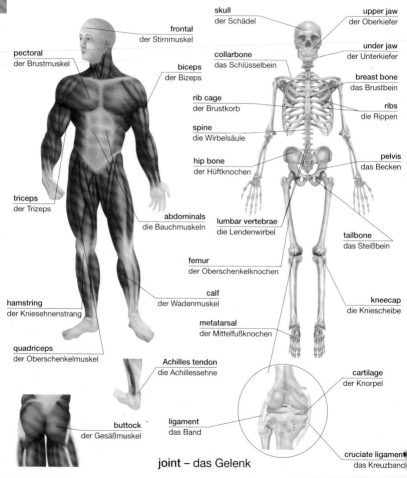

frontal
der Stirnmuskel

pectoral
der Brustmuskel

biceps
der Bizeps

triceps
der Trizeps

abdominals
die Bauchmuskeln

hamstring
der Kniesehnenstrang

quadriceps
der Oberschenkelmuskel

Achilles tendon
die Achillessehne

buttock
der Gesäßmuskel

skull
der Schädel

upper jaw
der Oberkiefer

under jaw
der Unterkiefer

collarbone
das Schlüsselbein

breast bone
das Brustbein

rib cage
der Brustkorb

ribs
die Rippen

spine
die Wirbelsäule

hip bone
der Hüftknochen

pelvis
das Becken

lumbar vertebrae
die Lendenwirbel

tailbone
das Steißbein

femur
der Oberschenkelknochen

calf
der Wadenmuskel

kneecap
die Kniescheibe

metatarsal
der Mittelfußknochen

cartilage
der Knorpel

ligament
das Band

cruciate ligament
das Kreuzband

joint – das Gelenk

Hand and Foot – Die Hand und der Fuß

hand – die Hand

foot – der Fuß

wrist
das Handgelenk

knuckle
der Fingerknöchel

thumb
der Daumen

ttle finger
der kleine Finger

ngernail
er Fingernagel

ring finger
der Ringfinger

index finger
der Zeigefinger

middle finger
der Mittelfinger

palm
die Handfläche

ankle
der Knöchel

heel
die Ferse

sole
die Fußsohle

big toe
der große Zeh

toenail
der Zehennagel

ball
der Ballen

fingerprint
der Fingerabdruck

manicure	die Maniküre
pedicure	die Pediküre
cuticle	die Nagelhaut
nail scissors	die Nagelschere
nail file	die Nagelfeile
nail polish	der Nagellack
nail polish remover	der Nagellackentferner
to grip	greifen
to wave	winken
fist	die Faust
to clap	in die Hände klatschen

Inner Organs – Die inneren Organe

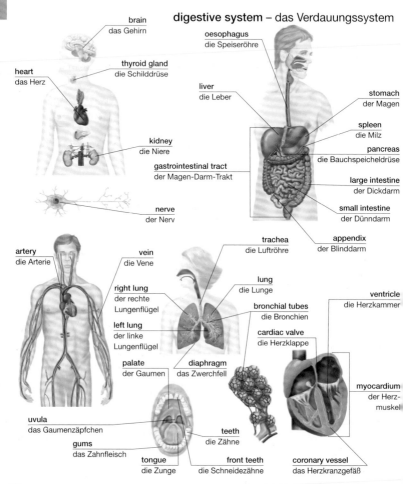

brain
das Gehirn

digestive system – das Verdauungssystem

oesophagus
die Speiseröhre

thyroid gland
die Schilddrüse

heart
das Herz

liver
die Leber

stomach
der Magen

spleen
die Milz

kidney
die Niere

pancreas
die Bauchspeicheldrüse

gastrointestinal tract
der Magen-Darm-Trakt

large intestine
der Dickdarm

small intestine
der Dünndarm

nerve
der Nerv

appendix
der Blinddarm

trachea
die Luftröhre

artery
die Arterie

vein
die Vene

lung
die Lunge

right lung
der rechte
Lungenflügel

ventricle
die Herzkammer

bronchial tubes
die Bronchien

left lung
der linke
Lungenflügel

cardiac valve
die Herzklappe

palate
der Gaumen

diaphragm
das Zwerchfell

myocardium
der Herz-
muskel

uvula
das Gaumenzäpfchen

gums
das Zahnfleisch

teeth
die Zähne

tongue
die Zunge

front teeth
die Schneidezähne

coronary vessel
das Herzkranzgefäß

Reproduction – Die Fortpflanzung

female reproductive organs – die weiblichen Fortpflanzungsorgane

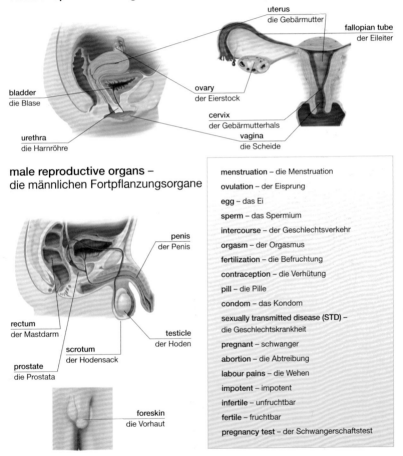

uterus
die Gebärmutter

fallopian tube
der Eileiter

ovary
der Eierstock

bladder
die Blase

cervix
der Gebärmutterhals

vagina
die Scheide

urethra
die Harnröhre

male reproductive organs –
die männlichen Fortpflanzungsorgane

penis
der Penis

rectum
der Mastdarm

testicle
der Hoden

scrotum
der Hodensack

prostate
die Prostata

foreskin
die Vorhaut

menstruation – die Menstruation

ovulation – der Eisprung

egg – das Ei

sperm – das Spermium

intercourse – der Geschlechtsverkehr

orgasm – der Orgasmus

fertilization – die Befruchtung

contraception – die Verhütung

pill – die Pille

condom – das Kondom

sexually transmitted disease (STD) –
die Geschlechtskrankheit

pregnant – schwanger

abortion – die Abtreibung

labour pains – die Wehen

impotent – impotent

infertile – unfruchtbar

fertile – fruchtbar

pregnancy test – der Schwangerschaftstest

The Face – Das Gesicht

hair
das Haar

forehead
die Stirn

pore
die Pore

complexion
der Teint

eyebrow
die Augenbraue

temple
die Schläfe

eyelid
das Augenlid

eyelashes
die Wimpern

iris
die Iris

pupil
die Pupille

eye
das Auge

ear
das Ohr

earlobe
das Ohrläppchen

nose
die Nase

cheek
die Wange

ala of the nose
der Nasenflügel

nostril
das Nasenloch

upper lip
die Oberlippe

corner of the mouth
der Mundwinkel

mouth
der Mund

jaw
der Kiefer

lower lip
die Unterlippe

chin
das Kinn

to smile
lächeln

laughter lines
die Lachfalten

brace
die Zahnspange

wrinkle
die Falte

tanned
sonnengebräunt

mole
das Muttermal

freckles
die Sommersprossen

dimple
das Grübchen

beard
der Bart

moustache
der Schnurrbart

eye shadow
der Lidschatten

foundation, face powder
die Grundierung, der Gesichtspuder

eyeliner
der Eyeliner

mascara
die Wimperntusche

blusher
das Rouge

lipstick
der Lippenstift

make-up – das Make-up

Hair and Hairstyles – Das Haar und die Frisuren

receding hairline
die Geheimratsecken

black-haired
schwarzhaarig

dyed
gefärbt

bald
kahl

thinning hair
dünner werdendes Haar

straight
glatt

wavy
gewellt

brunette
brünett

curly
lockig

crop
der Kurzhaarschnitt

layered
gestuft

perm
die Dauerwelle

fringe
der Pony

bun
der Haarknoten

blonde
blond

ponytail
der Pferdeschwanz

plaited
geflochten

highlights
die Strähnchen

wig
die Perücke

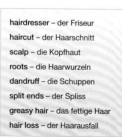

gray-haired
grauhaarig

tinged with grey
grau meliert

ginger
rothaarig

hairdresser – der Friseur

haircut – der Haarschnitt

scalp – die Kopfhaut

roots – die Haarwurzeln

dandruff – die Schuppen

split ends – der Spliss

greasy hair – das fettige Haar

hair loss – der Haarausfall

Emotions – Die Gefühle

happy
glücklich

unhappy
unglücklich

sad
traurig

furious
wütend

angry
sauer

confused
verwirrt

curious
neugierig

in love
verliebt

worried
besorgt

anxious
ängstlich

desperate
verzweifelt

excited
aufgeregt

tired
müde

surprised
überrascht

envious
neidisch

jealous
eifersüchtig

proud
stolz

knackered
erschöpft

21

Human Beings and their Attributes –
Menschen und ihre Eigenschaften

baby
das Baby

toddler
das Kleinkind

child
das Kind

boy
der Junge

girl
das Mädchen

teenager
der Jugendliche

adult
die Erwachsene

man
der Mann

woman
die Frau

couple
das Paar

group
die Gruppe

crowd
die Menschenmenge

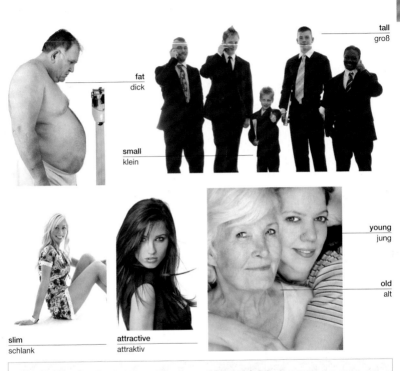

tall
groß

fat
dick

small
klein

young
jung

old
alt

slim
schlank

attractive
attraktiv

arrogant – arrogant	**tolerant** – tolerant
stubborn – dickköpfig	**intolerant** – intolerant
shy – schüchtern	**patient** – geduldig
confident – selbstbewusst	**impatient** – ungeduldig
nice – nett	**sensitive** – feinfühlig, sensibel
friendly – freundlich	**sensible** – bewusst, vernünftig
prejudice – das Vorurteil	

23

Family – Die Familie

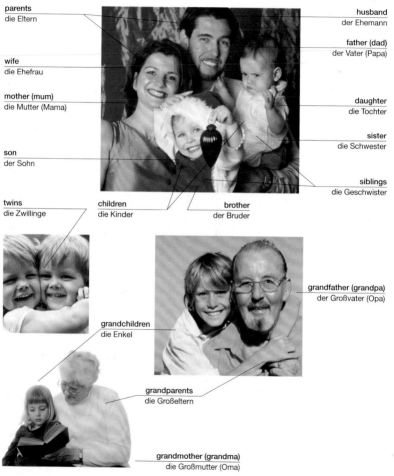

parents
die Eltern

wife
die Ehefrau

mother (mum)
die Mutter (Mama)

son
der Sohn

husband
der Ehemann

father (dad)
der Vater (Papa)

daughter
die Tochter

sister
die Schwester

siblings
die Geschwister

twins
die Zwillinge

children
die Kinder

brother
der Bruder

grandchildren
die Enkel

grandfather (grandpa)
der Großvater (Opa)

grandparents
die Großeltern

grandmother (grandma)
die Großmutter (Oma)

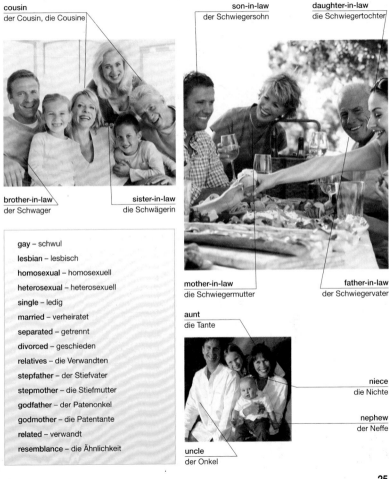

cousin
der Cousin, die Cousine

son-in-law
der Schwiegersohn

daughter-in-law
die Schwiegertochter

brother-in-law
der Schwager

sister-in-law
die Schwägerin

mother-in-law
die Schwiegermutter

father-in-law
der Schwiegervater

aunt
die Tante

niece
die Nichte

nephew
der Neffe

uncle
der Onkel

gay – schwul

lesbian – lesbisch

homosexual – homosexuell

heterosexual – heterosexuell

single – ledig

married – verheiratet

separated – getrennt

divorced – geschieden

relatives – die Verwandten

stepfather – der Stiefvater

stepmother – die Stiefmutter

godfather – der Patenonkel

godmother – die Patentante

related – verwandt

resemblance – die Ähnlichkeit

Life Events and Celebrations –
Die Lebensereignisse und die Feste

birthday
der Geburtstag

present
das Geschenk

christening
die Taufe

christening robe
das Taufkleid

birth
die Geburt

birthday cake
die Geburtstagstorte

candles
die Kerzen

groom
der Bräutigam

bridal veil
der Brautschleier

bride
die Braut

bridal couple
das Hochzeitspaar

wedding
die Hochzeit

bridal bouquet
der Brautstrauß

engagement
die Verlobung

hen's night, stag night
Junggesell(inn)enabschied

to move house
umziehen

crown
die Krone

(golden) wedding
anniversary
die Goldene Hochzeit/
der Hochzeitstag

honeymoon
die Hochzeitsreise

party
die Party

cardboard box
der Karton

Valentine's day
der Valentinstag

Father's day
der Vatertag

Mother's day
der Muttertag

clown
der Clown

carnival
der Karneval

holidays
die Ferien

bank holiday
der Feiertag

Christmas tree decoration
Weihnachtsbaumschmuck

Easter
Ostern

Easter bunny
der Osterhase

Easter egg
das Osterei

roast turkey
der gebratene Truthahn

Christmas
Weihnachten

New Year's Eve
Silvester

Ramadan
der Ramadan

Christmas tree
der Weihnachtsbaum

fireworks
das Feuerwerk

New Year
Neujahr

prayer rug
der Gebetsteppich

coffin bearer
der Sargträger

Passover
das Passahfest

to retire
in Rente gehen

old age pensioners (OAPs)
die Rentner

funeral
das Begräbnis

coffin
der Sarg

Clothing and Accessories – Die Kleidung und die Accessoire

Clothing items – die Kleidungsstücke

underwear
die Unterwäsche

slip
die Unterhose

socks
die Socken

dressing gown
der Bademantel

pyjamas
der Schlafanzug

T-shirt
das T-Shirt

jeans
die Jeans

trousers
die Hose

pocket
die Tasche

fly
der Hosenschlitz

shorts
die Shorts

tie knot
der Krawattenknoten

collar
der Kragen

tie
die Krawatte

buttonhole
das Knopfloch

button
der Knopf

sweater
der Pullover

knitted
gestrickt

shirt
das Hemd

V-neck
der V-Ausschnitt

turtleneck
der Rollkragen

cardigan
die Strickjacke

coat
der Mantel

anorak
der Anorak

blazer
der Blazer

casual wear
die Freizeitkleidung

cuff
das Bündchen

zipper
der Reißverschluss

tracksuit
der Trainingsanzug

hood
die Kapuze

raincoat
der Regenmantel

Shoes, accessories and personal things – Schuhe, Accessoires und persönliche Gegenstände

trainers
die Turnschuhe

wellington boots
die Gummistiefel

boots
die Stiefel

heel
der Absatz

high-heeled shoes
die Schuhe mit hohem Absatz

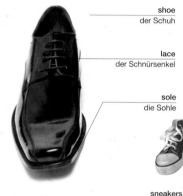

shoe
der Schuh

lace
der Schnürsenkel

sole
die Sohle

strap
der Riemen

sandals
die Sandalen

flip-flops
die Flipflops

sneakers
die Turnschuhe

walking boots
die Wanderschuhe

slippers
die Hausschuhe

buckle
die Schnalle

belt
der Gürtel

bag
die Tasche

backpack
der Rucksack

gloves
die Handschuhe

hat
der Hut

cap
die Mütze

woolly hat
die Wollmütze

fringes
die Fransen

scarf
der Schal

watch
die Armbanduhr

wedding ring
der Ehering

engagement ring
der Verlobungsring

purse
das Damen-
portemonnaie

frame
das Brillengestell

temple
der Bügel

sunglasses
die Sonnenbrille

latchkey
der Haustürschlüssel

glasses
die Brille

nose pad
das Nasenpad

mobile phone
das Handy

bunch of keys
der Schlüsselbund

key ring
der Schlüsselanhänger

nose piece
der Nasensteg

mp3 player
der MP3-Player

earphones
die Kopfhörer

batteries
die Batterien

identity card (ID) – der Ausweis

passport – der Reisepass

driving licence – der Führerschein

membership card – die Mitgliedskarte

birth certificate – die Geburtsurkunde

carpapers – die Wagenpapiere

children's wear – die Kinderkleidung

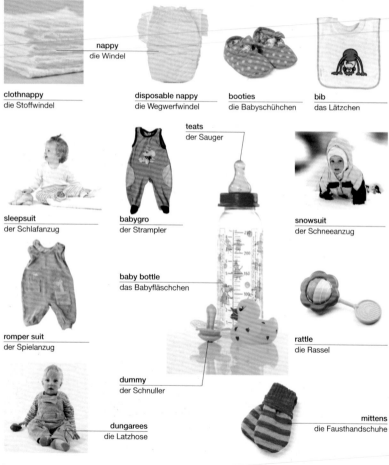

clothnappy
die Stoffwindel

nappy
die Windel

disposable nappy
die Wegwerfwindel

booties
die Babyschühchen

bib
das Lätzchen

sleepsuit
der Schlafanzug

babygro
der Strampler

teats
der Sauger

snowsuit
der Schneeanzug

romper suit
der Spielanzug

baby bottle
das Babyfläschchen

rattle
die Rassel

dummy
der Schnuller

dungarees
die Latzhose

mittens
die Fausthandschuhe

men's wear – die Herrenkleidung

jacket
das Jackett

lapel
das Revers

sleeve
der Ärmel

single-breasted
einreihig

handkerchief
das Taschentuch

double-breasted
zweireihig

suit
der Anzug

waistcoat
die Weste

bow tie
die Fliege

tie-pin
die Krawattennadel

cuff
die Manschette

cufflinks
die Manschettenknöpfe

vest
das Unterhemd

y-fronts
die Unterhose mit Eingriff

briefs
der Slip

boxer shorts
die Boxershorts

long johns
die lange Unterhose

bathing trunks
die Badehose

suspenders
die Hosenträger

briefcase
die Aktentasche

wallet
das Herrenportemonnaie

women's clothing – die Damenkleidung

blouse
die Bluse

neckline
der Ausschnitt

miniskirt
der Minirock

straps
die Träger

top
das Top

dress
das Kleid

skirt
der Rock

hem
der Saum

maternity dress
das Umstandskleid

sleeveless
ärmellos

suit
das Kostüm

trouser suit
der Hosenanzug

tights
die Strumpfhose

stockings
die Strümpfe

lingerie – die Dessous

lace
die Spitze

bra
der BH

panties
das Höschen

lacy
das Spitzenhöschen

nightdress, nightie
das Nachthemd

bikini
der Bikini

bathing suit
der Badeanzug

handbag
die Handtasche

shoulder bag
die Umhängetasche

necklace
die Halskette

gold
golden

pendant
der Anhänger

ring
der Ring

earring
der Ohrring

stone
der Edelstein

silver
silbern

bracelet
das Armband

stud
der Ohrstecker

bangle
der Armreif

brooch
die Brosche

hairband
der Haarreif

scrunchy
das Haargummi

hairpin
die Haarnadel

35

Injuries – Die Verletzungen

dent
die Beule

rear end collision
der Auffahrunfall

accident
der Unfall

shock
der Schock

to scream
schreien

unconscious
bewusstlos

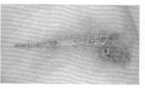

wound
die Wunde

blood
das Blut

burn
die Verbrennung

sting
der Stachel

poisoning
die Vergiftung

chemical burn
die Verätzung

sting
der Stich

cut
der Schnitt

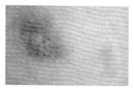

bite
der Biss

to choke
ersticken

bruise
der blaue Fleck

bandage
die Bandage

strain
die Zerrung

sprain
die Verstauchung

contusion
die Prellung

sling
die Schlinge

crush
die Quetschung

concussion
die Gehirnerschütterung

whiplash
das Schleudertrauma

fracture
der Knochenbruch

emergency – der Notfall

emergency telephone code – die Notrufnummer

ambulance – der Krankenwagen

paramedic – der Rettungssanitäter

injured – verletzt

(not) responsive – (nicht) ansprechbar

heatstroke – der Hitzschlag

allergic shock – der allergische Schock

epileptic fit – der epileptische Anfall

thrombosis – die Thrombose

appendicitis – die Blinddarmentzündung

stroke – der Schlaganfall

heart attack – der Herzinfarkt

kidney stones – die Nierensteine

gall stones – die Gallensteine

slipped disc – der Bandscheibenvorfall

lumbago – der Hexenschuss

laceration – die Platzwunde

First Aid – Die Erste Hilfe

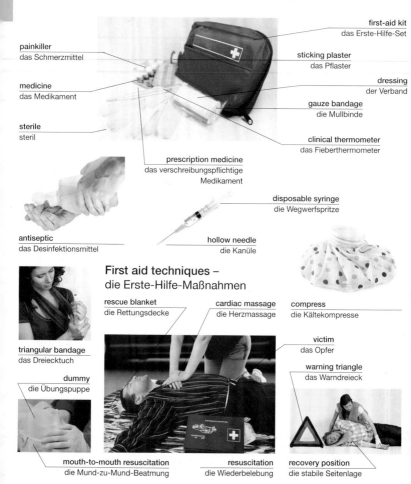

first-aid kit
das Erste-Hilfe-Set

painkiller
das Schmerzmittel

sticking plaster
das Pflaster

medicine
das Medikament

dressing
der Verband

gauze bandage
die Mullbinde

sterile
steril

clinical thermometer
das Fieberthermometer

prescription medicine
das verschreibungspflichtige
Medikament

disposable syringe
die Wegwerfspritze

antiseptic
das Desinfektionsmittel

hollow needle
die Kanüle

First aid techniques –
die Erste-Hilfe-Maßnahmen

rescue blanket
die Rettungsdecke

cardiac massage
die Herzmassage

compress
die Kältekompresse

triangular bandage
das Dreiecktuch

victim
das Opfer

dummy
die Übungspuppe

warning triangle
das Warndreieck

mouth-to-mouth resuscitation
die Mund-zu-Mund-Beatmung

resuscitation
die Wiederbelebung

recovery position
die stabile Seitenlage

40

oxygen mask
die Sauerstoffmaske

nosebleed
das Nasenbluten

hot-water bottle
die Wärmflasche

breathing difficulties
die Atembeschwerden

tissue
das Papiertaschentuch

stomach ache
die Bauchschmerzen

nausea
die Übelkeit

vomiting
das Erbrechen

diarrhoea
der Durchfall

fever
das Fieber

abnormal fatigue
die Abgeschlagenheit

itch
der Juckreiz

headache
das Kopfweh

backache
die Rückenschmerzen

joint pains
die Gelenkschmerzen

cramp
der Krampf

dizziness
der Schwindel

nervousness
die Nervosität

sleep disorder
die Schlafstörung

contractions
die Wehen

numbness – das Taubheitsgefühl

circulatory problems –
die Kreislaufbeschwerden

heartburn – das Sodbrennen

constipation – die Verstopfung

flatulence – die Blähungen

At the Doctor's – Beim Arzt

general practitioner (GP)
der Allgemeinarzt

otorhinolaryngologist
der Hals-Nasen-Ohren-Arzt (HNO)

gynaecologist
der Frauenarzt

urologist
die Urologin

pediatrician
der Kinderarzt

orthopaedic specialist
der Orthopäde

psychiatrist
der Psychiater

physical therapist
der Physiotherapeut

practice
die Praxis

waiting room
das Wartezimmer

medical secretary
die Arzthelferin

doctor
die Ärztin

patient
der Patient

surgery
das Behandlungszimmer

laboratory
das Labor

therapy table
die Liege

stethoscope
das Stethoskop

display
die Anzeige

blood pressure gauge
das Blutdruckmessgerät

scales
die Waage

ultrasound
der Ultraschall

X-ray apparatus
der Röntgenapparat

X-ray
das Röntgenbild

to take a blood sample
Blut abnehmen

home visit
der Hausbesuch

prescription
das Rezept

appointment – der Termin

consultation hours – die Sprechstunde

health insurance company – die Krankenkasse

acute troubles – die akuten Beschwerden

medical examination – die Untersuchung

to give someone an injection – jemandem eine Spritze geben

diagnosis – die Diagnose

treatment – die Behandlung

results – die Ergebnisse

referral – die Überweisung

Acute Medical Conditions – Die akuten Krankheiten

head cold
der Schnupfen

cough
der Husten

bronchitis
die Bronchitis

tinnitus – der Tinnitus	**cystitis** – die Blasenentzündung
hearing loss – der Hörsturz	**inflammation** – die Entzündung
rash – der Ausschlag	**gastritis** – die Gastritis
varicose veins – die Krampfadern	**period pains** – die Regelschmerzen
athlete's foot – der Fußpilz	**mycosis** – die Pilzinfektion
head lice – die Kopfläuse	**deficiency syndrome** – die Mangelerscheinung
scabies – die Krätze	**psychosomatic illness** –
zoster – die Gürtelrose	die psychosomatische Krankheit
blood poisoning – die Blutvergiftung	**depression** – die Depression
jaundice – die Gelbsucht	**eating disorder** – die Essstörung
cardiac arrythmia –	**addiction** – die Abhängigkeit
die Herzrhythmusstörungen	**anorexia** – die Magersucht
angina pectoris – die Angina Pectoris	**adiposeness** – die Fettsucht
piles – die Hämorrhoiden	**bulimia** – die Bulimie

flu
die Grippe

sore throat
die Halsschmerzen

eye drops   **to drip**
die Augentropfen   träufeln

cold
die Erkältung

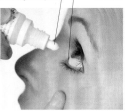

conjunctivits
die Bindehautentzündung

otitis of the middle ear
die Mittelohrentzündung

toothache
die Zahnschmerzen

rubella – die Röteln

scarlet fever – der Scharlach

chickenpox – die Windpocken

mumps – der Mumps

pertussis – der Keuchhusten

children's illnesses –
die Kinderkrankheiten

measles – die Masern

Protracted or Chronic Diseases – Die langwierigen oder chronischen Krankheiten

low/high blood pressure
der niedrige/hohe Blutdruck

diabetes
die Diabetes

incontinence
die Blasenschwäche

hayfever
der Heuschnupfen

rheumatism
das Rheuma

arthrosis
die Arthrose

dementia
die Demenz

Alzheimer's disease
Alzheimer

---

psoriasis – die Schuppenflechte

allergic to ... – allergisch gegen ...

pollen – die Pollen

asthma – das Asthma

thyroid illness – die Schilddrüsenkrankheit

cancer – der Krebs

cancer prevention – die Krebsvorsorge

lump – der Knoten

tumour – der Tumor

chemotherapy – die Chemotherapie

radiation – die Bestrahlung

AIDS – das AIDS

Parkinson's disease – Parkinson

stomach ulcer – das Magengeschwür

Disabilities – Die Behinderungen

paralysed
gelähmt

spastic paralysis
die spastische Lähmung

wheelchair
der Rollstuhl

foot rest
die Fußstütze

hand wheel
das Schwungrad

walking frame
der Rollator

crutches
die Krücken

blindman's stick
der Blindenstock

to limp
humpeln

opthalmologist
der Augenarzt

shortsighted
kurzsichtig

magnifying glass
die Lupe

longsighted
weitsichtig

blind
blind

guide dog
der Blindenhund

hard of hearing
schwerhörig

deaf
taub

hearing aid
das Hörgerät

47

At the Hospital – Im Krankenhaus

emergency room
die Notaufnahme

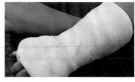

cast
der Gipsverband

visitor
die Besucherin

private room
das Einzelzimmer

call
der Krankenbesuch

visiting hours
die Besuchszeiten

hospital bed
das Krankenhausbett

ward
das Krankenzimmer

scrubs
die OP-Bekleidung

surgeon
der Chirurg

mask
der Mundschutz

operating theatre
der Operationssaal (OP)

operation
die Operation

scalpel
das Skalpell

anaesthetist
der Anästhesist

anaesthesia
die Narkose

surgical instruments
das Operationsbesteck

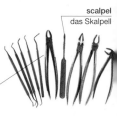

senior physician
der Oberarzt

scar
die Narbe

suture
die Naht

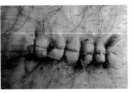

to take the stitches out
die Fäden ziehen

nurse
die Krankenschwester

ward round
die Visite

medical report
der Krankenbericht

assistent physician
der Assistenzarzt

bell
die Klingel

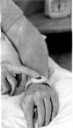

intensive care unit
die Intensivstation

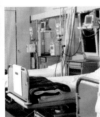

maternity ward
die Entbindungsstation

delivery room
der Kreißsaal

electrode
die Elektrode

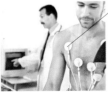

cardiology
die Kardiologie

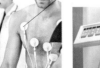

CT scanner
der Computertomograf

outpatient – der ambulante Patient

inpatient – der stationäre Patient

specialist hospital – die Fachklinik

admitted – aufgenommen

discharged – entlassen

At the Dentist's – Beim Zahnarzt

dental assistant
die Zahnarzthelferin

basin
das Spuckbecken

dentist's chair
der Behandlungsstuhl

dril
der Bohrer

local anaesthesia
die örtliche Betäubung

dentist
der Zahnarzt

dental filling
die Zahnfüllung

corona
die Krone

implant
das Implantat

wisdom tooth
der Weisheitszahn

mouth mirror
der Mundspiegel

root of the tooth
die Zahnwurzel

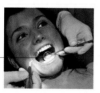

root canal therapy
die Wurzelbehandlung

to extract a tooth
einen Zahn ziehen

dental forceps
die Zahnarzt-Zange

dentures
die Prothese

brace
die Zahnspange

protective dental device
die Beißschiene

Prevention and Alternative Cures – Die Vorsorge und die alternativen Heilmethoden

alternative practitioner
die Heilpraktikerin

acupuncture
die Akupunktur

lymphatic drainage
die Lymphdrainage

homeopathy
die Homöopathie

homeopathic remedy
die homöopathische Medizin

herbs
die Heilkräuter

meditation
die Meditation

health resort
der Kurort

historic spa building
das historische Kurhaus

mud pack
die Fangopackung

kneippism
die Kneippanwendung

inhalation
die Inhalation

diet
die Diät

steam – der Dampf	tetanus – Tetanus
to go for convalescent care – in Kur gehen	diphtheria – Diphtherie
detoxication – die Entgiftung	polio – die Kinderlähmung
autogenic training – das autogene Training	hepatitis – Hepatitis
relaxation – die Entspannung	typhoid fever – Typhus

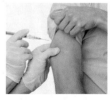

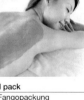

vaccination
die Impfung

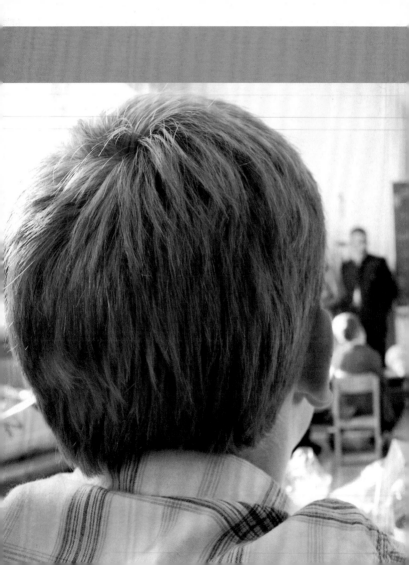

School and University – Die Schule und die Universität

schoolchildren
die Schulkinder

school uniform
die Schuluniform

lunchbox
die Butterbrotdose

sandwich
das belegte Brot

catch
der Verschluss

slide
die Rutsche

school bag
die Schultasche

school bus
der Schulbus

climbing frame
das Klettergerüst

school building
das Schulgebäude

schoolyard
der Schulhof

lock
das Schloss

playground
der Spielplatz

locker
das Schließfach

school bell
die Schulglocke

assembly hall
die Aula

gymnasium
die Turnhalle

sponge
der Schwamm

blackboard
die Tafel

chalk
die Kreide

teacher
die Lehrerin

classroom
das Klassenzimmer

maths
der Mathematikunterricht

overhead projector
der Overheadprojektor

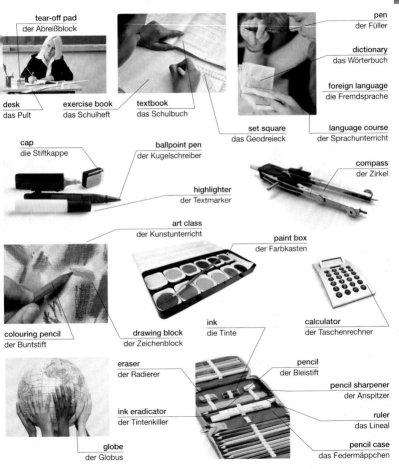

tear-off pad
der Abreißblock

pen
der Füller

dictionary
das Wörterbuch

foreign language
die Fremdsprache

desk
das Pult

exercise book
das Schulheft

textbook
das Schulbuch

set square
das Geodreieck

language course
der Sprachunterricht

cap
die Stiftkappe

ballpoint pen
der Kugelschreiber

compass
der Zirkel

highlighter
der Textmarker

art class
der Kunstunterricht

paint box
der Farbkasten

colouring pencil
der Buntstift

drawing block
der Zeichenblock

ink
die Tinte

calculator
der Taschenrechner

eraser
der Radierer

pencil
der Bleistift

pencil sharpener
der Anspitzer

ink eradicator
der Tintenkiller

ruler
das Lineal

globe
der Globus

pencil case
das Federmäppchen

to calculate
rechnen

to read
lesen

to write
schreiben

slide rule
der Rechenschieber

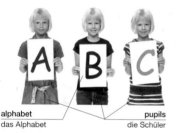

alphabet
das Alphabet

pupils
die Schüler

to count
zählen

homework
die Hausaufgabe

---

playgroup – die Krabbelgruppe

kindergarten, nursery school – der Kindergarten

preschool – die Vorschule

elementary school, primary school – die Grundschule

comprehensive school – die Gesamtschule

grammar school/high school – das Gymnasium

private school – die Privatschule

class test – die Klassenarbeit

mark – die Schulnote

national curriculum – der Lehrplan

principal – der Direktor

lesson – die Schulstunde

grade – die Klassenstufe

first-grader – der Erstklässler

to learn – lernen

GCSE – der Realschulabschluss

A-Levels – das Abitur

to graduate – den Abschluss machen

recess – die Schulpause

private lesson – die Nachhilfe

college, university
die Hochschule

campus
der Campus

library
die Bibliothek

hall of residence
das Studentenwohnheim

refectory
die Mensa

undergraduate
der Student

lecture hall
der Hörsaal

maths
die Mathematik

humanities
die Geisteswissenschaften

study of medicine
Medizinstudium

engineering
das Ingenieurwesen

Lady Justice
Justitia

law
die Rechtswissenschaften

business administration
die Betriebswirtschaft

light bulb
die Glühbirne

history of art
die Kunstgeschichte

lecturer – der Dozent

exam – die Prüfung

dissertation – die Examensarbeit

degree – der akademische Grad

diploma – das Diplom

scholarship – das Stipendium

department – der Fachbereich

literature
die Literaturwissenschaft

physics
die Physik

social sciences
die Sozialwissenschaften

Between School and Professional Life –
Zwischen Schule und Berufsleben

apprentice
der Auszubildende

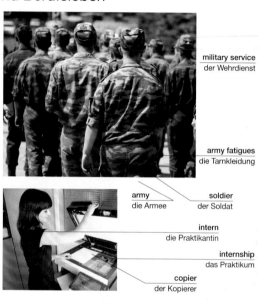

military service
der Wehrdienst

army fatigues
die Tarnkleidung

army
die Armee

soldier
der Soldat

intern
die Praktikantin

internship
das Praktikum

copier
der Kopierer

vocational school
die Berufsschule

backpacker
der Rucksacktourist

to make coffee – Kaffee kochen

gap year – das Brückenjahr

voluntary work – die freiwillige Arbeit

round-the-world-trip – die Weltreise

traineeship – das Volontariat

civilian service – der Zivildienst

civilian servant – der Zivildienst-
leistende (Zivi)

Job Application – Die Bewerbung

applicant
der Bewerber

job hunting
die Arbeitssuche

job advertisement
die Stellenanzeige

encircled
eingekreist

job interview
das Bewerbungsgespräch

to shake hands
sich die Hand geben

covering letter – das Anschreiben

curriculum vitae (CV) – der Lebenslauf

certificate, diploma – das Zeugnis

career – die Karriere

work experience – die Berufserfahrung

qualifications – die Qualifikationen

skills – die Fähigkeiten

soft skills – die soziale Kompetenz

introductory letter – die Initiativbewerbung

vacancy – die freie Stelle

application form – das Bewerbungsformular

salary – das Gehalt

negotiation – die Verhandlung

hunting for a job – auf Arbeitssuche

application photo – das Bewerbungsbild

application portfolio
die Bewerbungsmappe

Occupations – Die Berufe

trade – das Handwerk

baker
die Bäcker

chimney sweeper
der Schornsteinfeger

dustman
der Müllmann

butcher
der Fleischer

white coat
der Kittel

chef's hat
die Kochmütze

cook
die Köchin

waitress
die Kellnerin

plumber
der Klempner

hard hat
der Bauhelm

slater
der Dachdecker

high visibility jacket
die Warnweste

construction worker
der Bauarbeiter

painter
der Anstreicher

carpenter
der Schreiner

boiler suit
der Blaumann

mechanic
der Mechaniker

postman
der Briefträger

mailbag
die Posttasche

shop assistant
die Verkäuferin

undertaker
der Bestatter

gardener
der Gärtner

harvest
die Ernte

tailor
der Schneider

nurse
die Krankenschwester

midwife
die Hebamme

newborn baby
das Neugeborene

61

bus driver
der Busfahrer

pilot
der Pilot

pasture
die Weide

pitchfork
die Mistgabel

post
der Zaunpfahl

farmer
der Landwirt

electric fence
der Elektrozaun

fire engine
das Feuerwehrauto

uniform
die Uniform

lab coat
der Arztkittel

policewoman
die Polizistin

fireman
der Feuerwehrmann

traffic warden
die Politesse

doctor
die Ärztin

rubber gloves
die Gummihandschuhe

dentist
der Zahnarzt

vet
der Tierarzt

bank manager
der Bankdirektor

secretary
die Sekretärin

librarian
der Bibliothekar

test tube
das Reagenzglas

lab
das Labor

scientist
die Wissenschaftlerin

jury
die Geschworenen

court
das Gericht

lawyer
der Anwalt

engineer
der Ingenieur

gavel
der Hammer (Gericht)

robe
der Talar

photographer
der Fotograf

judge
der Richter

singer
die Sängerin

paparazzi
die Paparazzi

actress
die Schauspielerin

consultant
die Beraterin

graphic designer
der Grafiker

At the Office – Im Büro

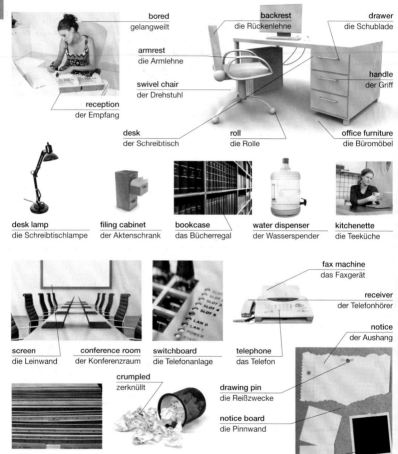

bored
gelangweilt

backrest
die Rückenlehne

drawer
die Schublade

armrest
die Armlehne

swivel chair
der Drehstuhl

handle
der Griff

reception
der Empfang

desk
der Schreibtisch

roll
die Rolle

office furniture
die Büromöbel

desk lamp
die Schreibtischlampe

filing cabinet
der Aktenschrank

bookcase
das Bücherregal

water dispenser
der Wasserspender

kitchenette
die Teeküche

screen
die Leinwand

conference room
der Konferenzraum

switchboard
die Telefonanlage

telephone
das Telefon

fax machine
das Faxgerät

receiver
der Telefonhörer

notice
der Aushang

crumpled
zerknüllt

drawing pin
die Reißzwecke

notice board
die Pinnwand

hanging file
das Hängeregister

waste paper basket
der Papierkorb

Polaroid picture
das Polaroidbild

office supplies
der Bürobedarf

notepad
der Notizblock

stationery
die Schreibwaren

stapler
der Tacker

hole punch
der Locher

paper clip
die Büroklammer

sticky tape
das Klebeband

tape dispenser
der Klebeband-Abroller

rubber band
das Gummiband

post-it note
der Klebezettel

stamp
der Stempel

ink pad
das Stempelkissen

letter opener
der Brieföffner

file
die Akte

folder
der Aktenordner

desk tray
die Aktenablage

glue stick
der Klebestift

document shredder
der Aktenvernichter

Computer – Der Computer

laptop
der Laptop

keyboard
die Tastatur

on-off switch
der Ein-Aus-Schalter

screen
der Bildschirm

touchpad
das Touchpad

space bar
die Leertaste

shift key
die Umschalttaste

backspace key
die Rücksetztaste

enter ke
die Enter-Tast

central processing unit (CPU)
der Prozessor

hard drive
die Festplatte

DVD/CD drive
das DVD/CD-Laufwerk

double click
der Doppelklick

cab
das Kab

mous
die Mau

speakers
die Lautsprecher

headset
das Headset

external hard drive
die externe Festplatte

wireless router
der drahtlose Router

blank CD
der CD-Rohling

paper
das Papier

paper tray
der Papierschacht

print-out
der Ausdruck

scanner
der Scanner

inkjet printer
der Tintenstrahldrucker

ink cartridge
die Tintenpatrone

laser printer
der Laserdrucker

toner cartridge
die Tonerkartusche

Desktop – Der Desktop

window
das Fenster

icon
das Symbol

trash
der Papierkorb

menu bar
die Menüleiste

scrollbar
der Scrollbalken

toolbar
die Werkzeugleiste

folder
der Dateiordner

file
die Datei

program
das Programm

table
die Tabelle

font
die Schriftart

volume control
der Lautstärkeregler

error message
die Fehlermeldung

email client
das E-Mail-Programm

message
die Nachricht

---

account – das Benutzerkonto

to save – speichern

to delete – löschen

backup – die Sicherungskopie

inbox – der Posteingang

outbox – der Postausgang

to receive – empfangen

attachment – der Anhang

manual – die Bedienungsanleitung

out of office notice – die Abwesenheitsnotiz

Professional Life – Das Berufsleben

staff   boss   stern
die Belegschaft   der Chef   streng

employee
der Angestellte

businessman
der Geschäftsmann

business trip
die Geschäftsreise

business lunch
das Arbeitsessen

business ca
die Visitenka

to hand someone something
jemandem etwas überreichen

diary
der Terminkalender

client
der Kunde

lunch break
die Mittagspause

flipchart
das Flipchart

presentation
die Präsentation

canteen
die Kantine

pie chart
das Tortendiagramm

trade fair
die Messe

accountant – der Wirtschaftsprüfer
annual report – der Wirtschaftsbericht
approach – die Vorgehensweise
rating – die Beurteilung
shareholder – der Aktionär/Anteilseigner
stock exchange – die Wertpapierbörse

office hours – die Geschäftszeiten
head office – das Hauptquartier
accounts department – die Buchhaltung
contract – der Vertrag
annual leave – der Jahresurlaub
maternity leave – der Mutterschaftsurlaub
substitute – die Vertretung
part-time – die Teilzeit
promotion – die Beförderung
night shift – die Nachtschicht
gross salary – das Bruttogehalt
phone extension – die Durchwahl
to put through – durchstellen
invoice – die Rechnung
form – das Formular
freelancer – der Freiberufler
employment office – das Arbeitsamt
jobless – arbeitslos

House – Das Haus

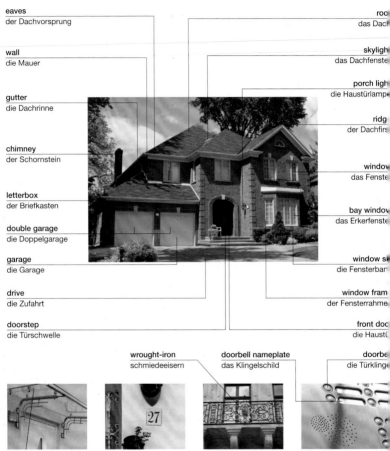

eaves
der Dachvorsprung

wall
die Mauer

gutter
die Dachrinne

chimney
der Schornstein

letterbox
der Briefkasten

double garage
die Doppelgarage

garage
die Garage

drive
die Zufahrt

doorstep
die Türschwelle

roo
das Dach

skyligh
das Dachfenste

porch ligh
die Haustürlampe

ridg
der Dachfirs

window
das Fenste

bay window
das Erkerfenste

window si
die Fensterban

window fram
der Fensterrahme

front doo
die Haustü

wrought-iron
schmiedeeisern

doorbell nameplate
das Klingelschild

doorbe
die Türklinge

porch
das Vordach

house number
die Hausnummer

balcony
der Balkon

intercom
die Sprechanlage

to rent – mieten	caretaker – der Hausmeister
for rent – zu mieten	carport – der Unterstellplatz
for sale – zu verkaufen	renovation – der Umbau
tenancy agreement – der Mietvertrag	extension – der Anbau
to terminate the tenancy agreement – den Mietvertrag kündigen	block of flats – das Mietshaus
landlord – der Vermieter	property – das Eigentum
tenant – der Mieter	plot of land – das Grundstück
flat – die Wohnung	land register – das Grundbuch
lift – der Aufzug	ground plan – der Grundriss
property management – die Hausverwaltung	real property tax – die Grundsteuer

Hallway – Die Diele

wardrobe
die Garderobe

mirror
der Spiegel

umbrella
der Schirm

umbrella stand
der Schirmständer

doormat
die Fußmatte

key hooks
das Schlüsselbrett

key
der Schlüssel

lock
das Schloss

shoe cabinet
der Schuhschrank

coat rack
der Garderobenständer

banister
das Treppengeländer

landing
der Treppenabsatz

staircase
die Treppe

73

Kitchen – Die Küche

kitchen hood
die Dunstabzugshaube

fitted kitchen
die Einbauküche

filter bag
die Filtertüte

tap
der Wasserhahn

knife block
der Messerblock

sink
die Spüle

gas stove
der Gasherd

electric cooker
der Elektroherd

draining board
das Abtropfbrett

filter bag holder
der Filtertütenhalter

paper towel holder
der Küchenpapierhalter

wall cabinet
der Oberschrank

drawer
die Schublade

cabinet
der Unterschrank

work top
die Arbeitsplatte

coffee maker
die Kaffeemaschine

hob
das Kochfeld

fruit bowl
die Obstschale

control knob
der Schalter

baking sheet
das Backblech

rack
der Rost

oven
der Backofen

plug
der Stöpsel

fridge-freezer
die Kühl-/Gefrierkombination

dish washer
die Spülmaschine

juice extractor
der Entsafter

electric citrus juicer
die elektrische Saftpresse

citrus juicer
die Saftpresse

dditional Domestic Appliances – Weitere Küchengeräte

microwave oven
die Mikrowelle

clock timer
der Timer

control panel
das Bedienfeld

blender
der Standmixer

dough hook
der Knethaken

hand blender
der Pürierstab

hand mixer
der Handmixer

four blade beater
der Rührhaken

deep-fat fryer
die Fritteuse

coffee mill
die Kaffeemühle

coffee beans
die Kaffeebohnen

egg boiler
der Eierkocher

crank
die Kurbel

electric kettle
der Wasserkocher

slot
der Toastschlitz

grillables
das Grillgut

electric grill
der Tischgrill

toaster
der Toaster

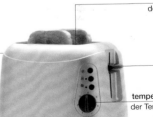

lever
der Hebel

temperature control
der Temperaturregler

food processor
die Universal-Küchenmaschine

Kitchen and Cooking Utensils – Die Küchen- und Kochutensilien

rubbish bin
der Mülleimer

pedal bin
der Treteimer

bin liner
der Müllbeutel

plate rack
das Abtropfgitter

tray
das Tablett

teapot warmer
das Stövchen

oven glove
der Ofenhandschuh

potholder
der Topflappen

trivet
der Untersetzer

clingfilm
die Frischhaltefolie

aluminium foil
die Alufolie

freezer bag
der Gefrierbeutel

apron
die Schürze

tea towel
das Geschirrhandtuch

paper towels
das Küchenpapier

tin opener
der Dosenöffner

cutting board
das Schneidebrett

cookbook holder
der Kochbuchständer

cookbook
das Kochbuch

grater
die Reibe

peeler
der Schäler

bread knife
das Brotmesser

cleaver
das Hackmesser

ladle
die (Suppen-)Kelle

skimmer
der Schöpflöffel

fish slice
der Pfannenwender

cooking spoon
der Kochlöffel

cake server
der Tortenheber

spaghetti tongs
die Nudelzange

pestle
der Stößel

mortar
der Mörser

sieve
das Haarsieb

colander
das Abtropfsieb

skewer
der Spieß

whisk
der Schneebesen

masher
der Stampfer

rolling pin
das Nudelholz

meat tenderiser
der Fleischklopfer

pastry brush
der Backpinsel

knife sharpener
der Messerschärfer

measuring jug
der Messbecher

egg timer
die Eieruhr

kitchen timer
der Küchenwecker

funnel
der Trichter

scales
die Haushaltswaage

thermos flask
die Thermoskanne

egg slicer
der Eierschneider

cutter
das Ausstechförmchen

pastry-cutting steel
das Teigrad

cake tin
die Napfkuchenform

pineapple slicer
der Ananasschneider

cooling rack
das Kuchengitter

loaf pan
die Kastenform

spring form
die Springform

Cookware – Das Kochgeschirr

wok
der Wok

cooking brick
der Römertopf

pressure cooker
der Schnellkochtopf

rice cooker
der Reiskochtopf

lid
der Topfdeckel

pan
die Pfanne

saucepan
der Kochtopf

milk pan
der Milchtopf

Cutlery and Crockery – Das Besteck und das Geschirr

cutlery tray
der Besteckkasten

bottle opener
der Flaschenöffner

eggspoon
der Eierlöffel

corkscrew
der Korkenzieher

teaspoon
der Teelöffel

garlic press
die Knoblauch-
presse

dessert fork
die Kuchengabel

peeler
der Schäler

fork
die Gabel

tin opener
der Dosenöffner

tablespoon
der Esslöffel

scissors
die Schere

knife
das Messer

toothpick
der Zahnstocher

kitchen knife
das Küchenmesser

tea infuser
das Teeei

vegetable brush
die Gemüsebürste

HOUSE – DAS HAUS

children's cutlery
das Kinderbesteck

bowl
die Schüssel

plate
der Teller

soup bowl
der Suppenteller

coffee cup
die Kaffeetasse

teacup
die Teetasse

teapot
die Teekanne

mug
der Becher

coffee pot
die Kaffeekanne

jug
der Krug

carafe
die Karaffe

tumbler
das Wasserglas

champagne glass
das Sektglas

red wine glass
das Rotweinglas

white wine glass
das Weißweinglas

rosé glass
das Roséglas

shot glass
das Schnapsglas

dinner plate
der Essteller

salad servers
das Salatbesteck

saladbowl
die Salatschüssel

small bowl
das Dessertschälchen

side plates
die Beilagenteller

egg cup
der Eierbecher

salt and pepper shaker
Salz- und Pfefferstreuer

platter
die Servierplatte

kitchen work – die Küchenarbeit

to **cook** – kochen

to **bake** – backen

to **slice** – (klein) schneiden

to **cut** – (zer-)schneiden

to **cut into pieces** – in Stücke schneiden

to **chop** – hacken

to **peel** – schälen

to **stir** – rühren

to **mix** – verrühren

to **grate** – reiben

to **mash** – pürieren

to **roll** – ausrollen

to **steam** – dämpfen

to **blanch** – blanchieren

to **poach** – pochieren

to **deglace** – ablösen

to **fry** – braten

to **grill** – grillen

to **roast** – braten, rösten

to **sauté** – anbraten

to **whisk** – schlagen

to **boil** – kochen, sieden

to **simmer** – köcheln

to **pour** – schütten

to **freeze** – einfrieren

to **defrost** – auftauen

to **pat dry** – trocken tupfen

to **rinse** – abspülen

to **bring to the boil** – zum Kochen bringen

to **marinate** – marinieren

to **melt** – schmelzen

to **set aside** – beiseite stellen

Dining Room – Das Esszimmer

chandelier
der Kronleuchter

glas fronted display cabinet
die Vitrine

sideboard
die Anrichte

hanging lamp
die Hängelampe

chair
der Stuhl

(net) curtain
die Gardine

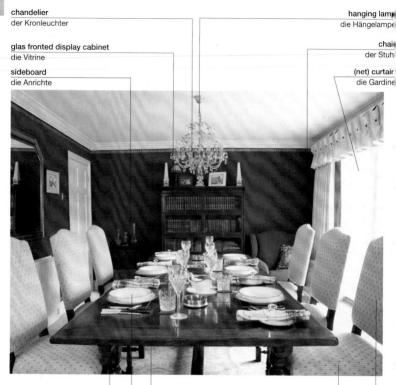

table
der Esstisch

seat
die Sitzfläche

place setting
das Gedeck

high chair
der Kinderhochstuhl

leg
das Tischbein

back
die Rückenlehne

Living Room – Das Wohnzimmer

frame
der Bilderrahmen

curtain
der Vorhang

standard lamp
die Stehlampe

house plant
die Zimmerpflanze

candle holder
der Kerzenhalter

sofa
das Sofa

sofa cushion
das Sofakissen

coffee table
der Couchtisch

painting
das Gemälde

mantelpiece
der Kaminsims

fire place
der Kamin

armchair
der Sessel

cabinet
der Beistell-
schrank

flower vase
die Blumenvase

rug
der Teppich

grandfather clock
die Standuhr

ceiling lamp
die Deckenlampe

rocking chair
der Schaukelstuhl

sofa bed
die Schlafcouch

bookshelf
das Bücherregal

wall unit
die Schrankwand

venetian blind
die Jalousie

roller blind
das Rollo

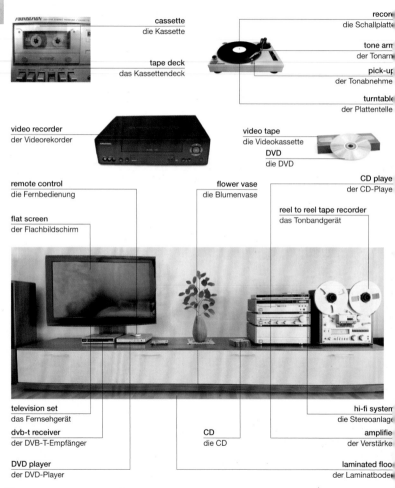

cassette
die Kassette

tape deck
das Kassettendeck

record
die Schallplatte

tone arm
der Tonarm

pick-up
der Tonabnehmer

turntable
der Plattenteller

video recorder
der Videorekorder

video tape
die Videokassette

DVD
die DVD

remote control
die Fernbedienung

flower vase
die Blumenvase

CD player
der CD-Player

reel to reel tape recorder
das Tonbandgerät

flat screen
der Flachbildschirm

television set
das Fernsehgerät

dvb-t receiver
der DVB-T-Empfänger

DVD player
der DVD-Player

CD
die CD

hi-fi system
die Stereoanlage

amplifier
der Verstärker

laminated floor
der Laminatboden

84

Children's Room – Das Kinderzimmer

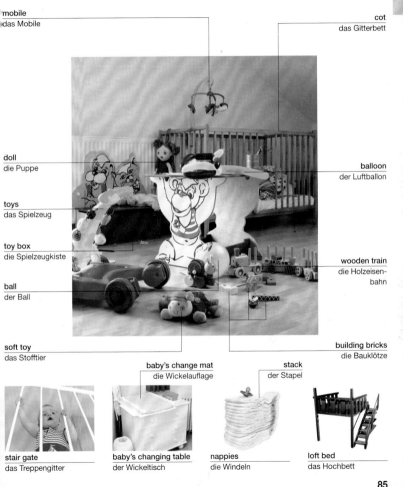

mobile
das Mobile

cot
das Gitterbett

doll
die Puppe

balloon
der Luftballon

toys
das Spielzeug

toy box
die Spielzeugkiste

wooden train
die Holzeisen-
bahn

ball
der Ball

soft toy
das Stofftier

building bricks
die Bauklötze

baby's change mat
die Wickelauflage

stack
der Stapel

stair gate
das Treppengitter

baby's changing table
der Wickeltisch

nappies
die Windeln

loft bed
das Hochbett

85

HOUSE – DAS HAUS

teddy bear
der Teddybär

doll's house
das Puppenhaus

children's book
das Kinderbuch

rocking horse
das Schaukelpferd

games console
die Spielekonsole

coloured pencils
die Buntstifte

storybook
das Bilderbuch

comic book
der Comic

poster
das Poster

toy car
das Spielzeugauto

spinning top
der Kreisel

rubber duck
die Badeente

model railway
die Modelleisenbahn

satchel
der Schulranzen

desk
der Schreibtisch

wardrobe
der Schrank

retro robot toy
der Spielzeugroboter

toy tractor
der Spielzeugtraktor

toy trailer
der Spielzeuganhänger

kite
der Drachen

Bathroom – Das Badezimmer

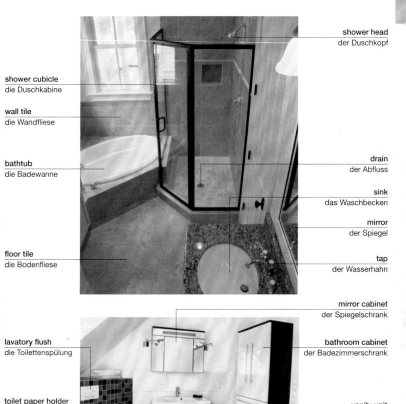

shower head
der Duschkopf

shower cubicle
die Duschkabine

wall tile
die Wandfliese

bathtub
die Badewanne

drain
der Abfluss

sink
das Waschbecken

mirror
der Spiegel

floor tile
die Bodenfliese

tap
der Wasserhahn

mirror cabinet
der Spiegelschrank

lavatory flush
die Toilettenspülung

bathroom cabinet
der Badezimmerschrank

toilet paper holder
der Toiletten-
papierhalter

vanity unit
der Badezimmer-
unterschrank

toilet lid
der Klodeckel

toilet
die Toilette

toilet seat
die Klobrille

HOUSE – DAS HAUS

bathrobe
der Bademantel

bath towel
das Badetuch

flannel
der Waschlappen

towel
das Handtuch

pumice stone
der Bimsstein

soap
die Seife

sponge
der Schwamm

toothbrush
die Zahnbürste

toothpaste
die Zahnpasta

toothpaste tube
die Zahnpastatube

dental floss
die Zahnseide

mouthwash
das Mundwasser

wet razor
der Nassrasierer

comb
der Kamm

hairdryer
der Föhn

hair brush
die Haarbürste

curler brush
die Rundbürste

razor blade
die Rasierklinge

shaving foam
der Rasierschaum

(electric) shaver
der Rasierapparat

after shave
das Rasierwasser

beard trimmer
der Bartschneider

epilator
das Epiliergerät

perfume
das Parfüm

deodorant
das Deo

Q-Tip
das Wattestäbchen

toilet brush
die Klobürste

plunger
die Saugglocke

toilet paper
das Toilettenpapier

sanitary pad
die Damenbinde

cord
die Schnur

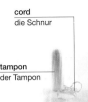

tampon
der Tampon

tweezers
die Pinzette

cotton pad
das Wattepad

panty liner
die Slipeinlage

Cosmetics – Die Kosmetik

shower gel
das Duschgel

cream
die Creme

make-up
das Make-up

lipstick
der Lippenstift

lipliner
der Lippenkonturenstift

mascara
die Wimperntusche

lip gloss
der Lipgloss

blusher
das Rouge

powder
das Puder

eyeliner
der Eyeliner

eyebrow pencil
der Augenbrauenstift

eye make up remover
der Augen-Make-up-Entferner

HOUSE – DAS HAUS

concealer (stick)
der Abdeckstift

shampoo
das Schampoo

eye shadow
der Lidschatten

hair colour
die (Haar-)Tönung

massage oil
das Massageöl

hair wax
das Haarwachs

styling gel
das Haargel

(hair) conditioner
die Haarspülung

to wash – sich waschen	**to shave** – rasieren
to take a shower – duschen	**to blow-dry** – föhnen
to take a bath – baden	**peeling** – das Peeling
to brush one's teeth – Zähne putzen	**to apply a facial mask** – eine Gesichtsmaske auftragen
to put on some lotion – sich eincremen	
to go to the toilet – auf die Toilette gehen	**to leave on** – einwirken lassen

Bedroom – Das Schlafzimmer

bedside lamp
die Nachttischlampe
bolster
die Nackenrolle
footboard
das Fußteil

throw
die Überdecke

bedside rug
der Bettvorleger

pyjamas
der Schlafanzug

pillow
das Kissen

headboard
das Kopfteil

commode
die Kommode

blanket
die Decke

mattress
die Matratze

double bed
das Doppelbett

wardrobe
der Kleider-
schrank

bedside table
der Nachttisch

sheet
das Laken

bed frame
das Bettgestell

to fall asleep – einschlafen

to sleep – schlafen

to snore – schnarchen

asleep – schlafend

to dream – träumen

insomnia – die Schlaflosigkeit

to wake up – aufwachen

awake – wach

nightgown
das Nachthemd

alarm clock
der Wecker

radio alarm clock
der Radiowecker

jewel box
das Schmuckkästchen

hot-water bottle
die Wärmflasche

tissues
die Papiertücher

sleep mask
die Schlafbrille

slatted frame
der Lattenrost

Cellar – Der Keller

piping
die Rohrleitung

water line
die Wasserleitung

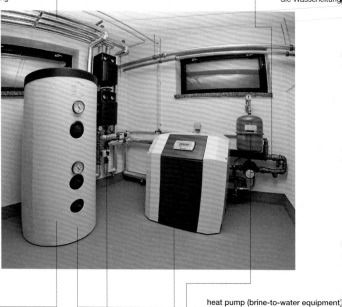

boiler
der Boiler

heat pump (brine-to-water equipment)
die Wärmepumpe (die Sole/Wasser-Wärmepumpen-Anlage)

gas meter
der Gaszähler

reading (from meter)
der Zählerstand

electric meter
der Stromzähler

water meter
der Wasserzähler

92

broom
der Besen

mop
der Wischmopp

cleaning rag
der Putzlappen

cleaning bucket
der (Putz-)Eimer

scrub
der Schrubber

feather duster
der Staubwedel

hand brush
der Handfeger

dust pan
das Kehrblech

vacuum cleaner
der Staubsauger

bleach
das Reinigungsmittel

stepladder
die Trittleiter

window cleaner
der Fensterwischer

---

housework – die Hausarbeit

to launder – Wäsche waschen

to clean – putzen

to wash (the dishes) – spülen

to wipe – wischen

to sweep – fegen

to polish – polieren

to dust – (Staub) wischen

to hoover – staubsaugen

to scrub – schrubben

to iron – bügeln

to hang out the laundry – die Wäsche aufhängen

to take down the laundry – die Wäsche abnehmen

to fold the laundry – die Wäsche falten

to put the laundry away – die Wäsche wegräumen

to tidy up – aufräumen

disorder – die Unordnung

Workbench – Die Werkbank

checked
kariert

workbench
die Werkbank

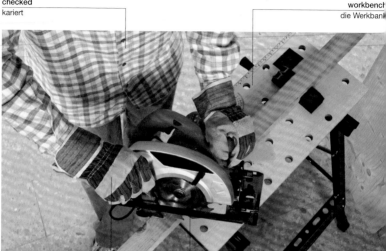

circular saw
die Kreissäge

protective gloves
die Schutzhandschuhe

hammer
der Hammer

hand saw
die Handsäge

hack saw
die Metallsäge

fretsaws
die Laubsägen

jigsaw
die Stichsäge

pincers
die Kneifzange

screwdriver
der Schraubenzieher

Allen key
der Innensechskant-
schlüssel

file
die Feile

sandpaper
das Schleifpapier

plane
der Hobel

chisel
der Meißel

spanner
der Schraubenschlüssel

adjustable spanner
der Engländer

multi-pliers
die Rohrzange

vice
der Schraubstock

spirit level
die Wasserwaage

soldering iron
der Lötkolben

drill
der Bohrer

electric drill
die Bohrmaschine

cordless screwdriver
der Akkuschrauber

screw
die Schraube

nail
der Nagel

rawlplug
der Dübel

carpenter's rule
der Zollstock

tape measure
das Maßband

Laundry – Der Waschkeller

laundry detergent das Waschmittel	clothes-horse der Wäscheständer	char die Zugehfrau	clothes ra die Kleiderstang

washing
machine
die Wasch-
maschine

washing drum
die Wäschetrommel

soap dispenser drawer
das Waschmittelschubfach

iron
das Bügeleisen

ironing board
das Bügelbrett

ironin
die Bügelwäsch

clothes-peg
die Wäscheklammer

tumble dryer
der Wäschetrockner

laundry basket
der Wäschekorb

laundry line
die Wäscheleine

dirty clothes basket
der Schmutzwäschekorb

fabric softener
der Weichspüler

stain remover
das Fleckensalz

wash board
das Waschbrett

Shed – Der Schuppen

shovel
die Schaufel

rake
die Harke

lawn rake
der Rechen

spade
der Spaten

hayfork
die Heugabel

secateurs
die Gartenschere

hedge trimmer
die Heckenschere

gardening gloves
die Gartenhandschuhe

rubber boots
die Gummistiefel

wheelbarrow
die Schubkarre

lawn mower
der Rasenmäher

scythe
die Sense

strimmer
die Motorsense

watering can
die Gießkanne

garden hose
der Gartenschlauch

sprinkler
der Rasensprenger

chainsaw
die Kettensäge

Garden – Der Garten

flower bed
das Blumenbeet

vegetable patch
das Gemüsebeet

shrub
der Busch

hedge
die Hecke

pond
der Teich

wooden fence
der Holzzaun

composter
der Komposter

terrace
die Terrasse

garden furniture
die Gartenmöbel

pavillion
der Pavillon

pergola
die Laube

greenhouse
das Gewächshaus

canopy swing
die Hollywoodschaukel

garden gate
das Gartentor

wall
die Mauer

lawn
die Rasenfläche

flagged path
der Plattenweg

gravel field
das Kiesbeet

ennel
ie Hundehütte

rain barrel
die Regentonne

patio heater
der Heizstrahler

garden gnomes
die Gartenzwerge

addling pool
as Planschbecken

seesaw
die Wippe

rope ladder
die Strickleiter

swing
die Schaukel

limbing frame
as Klettergerüst

slide
die Rutsche

icnic table
er Picknicktisch

sandpit
der Sandkasten

gardening – die Gartenarbeit

to grow – anbauen

to plant – pflanzen

to sow – sähen

to cultivate – züchten

to water – gießen

to mow – mähen

to dig – graben

to trim – stutzen

to prune – beschneiden

to spray – sprühen

to harvest – ernten

Painting and Drawing – Das Malen und das Zeichnen

Colours – die Farben

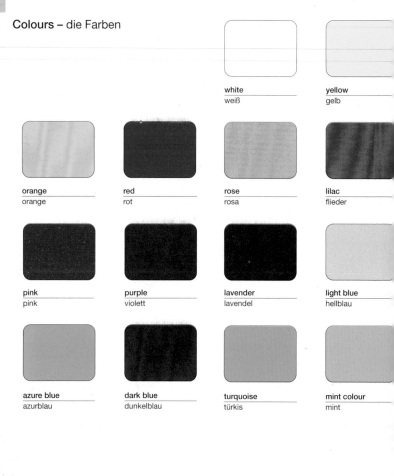

white
weiß

yellow
gelb

orange
orange

red
rot

rose
rosa

lilac
flieder

pink
pink

purple
violett

lavender
lavendel

light blue
hellblau

azure blue
azurblau

dark blue
dunkelblau

turquoise
türkis

mint colour
mint

ime green
gelbgrün

green
grün

dark green
dunkelgrün

beige
beige

light brown
hellbraun

brown
braun

grey
grau

silver
silber

gold
golden

anthracite
anthrazit

copper
kupfer

black
schwarz

to dab
tupfen

to paint
malen

to draw
zeichnen

to print
drucken

Painting Styles – Die Malarten

acrylic painting
die Acrylmalerei

oil painting
die Ölmalerei

watercolour painting
die Aquarellmalerei

silk painting
die Seidenmalerei

linoleum print
die Linoldruck

wall painting
die Wandmalerei

landscape painting
die Landschaftsmalerei

portrait painting
die Porträtmalerei

drawing
die Zeichnung

charcoal drawing
die Kohlezeichnung

abstract painting
die abstrakte Malerei

collage
die Collage

cave painting
die Höhlenmalerei

rock painting
die Felsenmalerei

wood painting
die Holzmalerei

glass painting
die Glasmalerei

porcelain painting
die Porzellanmalerei

airbrushing
die Airbrushmalerei

still life
das Stillleben

coffee-table book
der Bildband

sculpture
die Skulptur

sketch – die Skizze

graffiti – das Graffito

nude painting – die Aktmalerei

to sculpt – formen

object art – die Objektkunst

inspiration – die Inspiration

style – der Stil

decorative art – das Kunsthandwerk

artist – der Künstler

studio – das Atelier

work of art – das Kunstwerk

art magazine – das Kunstmagazin

art fair – die Kunstmesse

auction – die Auktion

exhibition catalogue – der Ausstellungskatalog

gallery opening – die Vernissage

Painting Supplies – Das Malzubehör

crayons
die Buntstifte

aquarelle pencils
die Aquarellstifte

wax crayons
die Wachsmalstifte

oil colour   **brush**
die Ölfarbe   der Pinsel

gloss paint
die Lackfarbe

chalk
die Kreide

finger paint
die Fingerfarben

felt pens
die Filzstifte

grease crayons
die Ölkreiden

colour palette
die Farbpalette

easel   **canvas**
die Staffelei   die Leinwand

ink
die Tusche

sketch block
der Zeichenblock

smock
der Kittel

water colour paper
das Aquarellpapier

handmade paper
das Büttenpapier

Handicrafts and DIY – Das Basteln und das Heimwerken

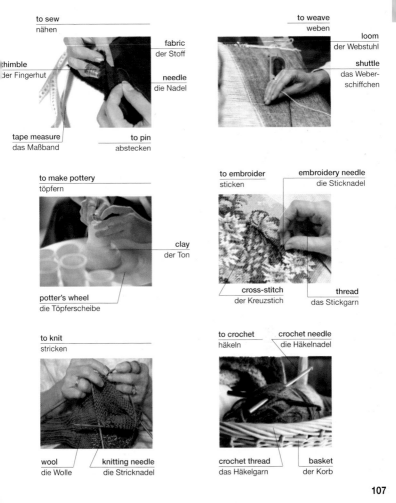

to sew
nähen

thimble
der Fingerhut

fabric
der Stoff

needle
die Nadel

tape measure
das Maßband

to pin
abstecken

to weave
weben

loom
der Webstuhl

shuttle
das Weber-
schiffchen

to make pottery
töpfern

clay
der Ton

potter's wheel
die Töpferscheibe

to embroider
sticken

embroidery needle
die Sticknadel

cross-stitch
der Kreuzstich

thread
das Stickgarn

to knit
stricken

wool
die Wolle

knitting needle
die Stricknadel

to crochet
häkeln

crochet needle
die Häkelnadel

crochet thread
das Häkelgarn

basket
der Korb

to carve
schnitzen

to knead
kneten

origami
das Origami

model making
der Modellbau

to restore old furniture
alte Möbel restaurieren

to make a chestnut man
ein Kastanienmännchen basteln

to strip
abschleifen

plane
der Hobel

to thread pearls
Perlen auffädeln

to collect bric-a-brac
Nippes sammeln

interior design
die Innenraumgestaltung

to tile
Fliesen legen

to wallpaper
tapezieren

to paint
streichen

to build
bauen

to install
installieren

to fix
reparieren

carpentry
die Zimmermannsarbeiten

---

dry walling – der Trockenbau

plaster work – das Verputzen

stucco – der Stuck

to stucco something – etwas mit Stuck versehen

papier maché – das Papiermaschee

plaster cast – der Gipsabdruck

masonry – die Maurerarbeiten

wiring – die Verkabelung

burglar alarm – die Alarmanlage

furnishing – die Einrichtung

to upholster – aufpolstern

to renovate – renovieren

flat brush
der Flachpinsel

stencil
die Schablone

roll of wallpaper
die Tapetenrolle

press roll
der Andrückroller

wallpaper samples
die Tapetenmuster

emulsion paint
die Dispersionsfarbe

palette knife
der Spachtel

paint roller
der Farbroller

colour samples
die Farbmuster

papering table
der Tapeziertisch

woodchip
die Raufasertapete

paste brush
die Kleisterbürste

acrylic paint
der Acryllack

Other Hobbies – Andere Hobbys

reading
das Lesen

to bowl
kegeln

to make films
Filme drehen

photography
die Fotografie

computer games
die Computerspiele

astronomy
die Astronomie

to act
schauspielern

to collect something
etwas sammeln

model railway
die Modelleisenbahn

learning a language
eine Sprache lernen

science fiction
die Science-Fiction

gardening
das Gärtnern

pets
die Haustiere

bird watching
Vögel beobachten

cooking
das Kochen

to go to the cinema – ins Kino gehen

lighting
die Beleuchtung

screen
die Leinwand

row of seats
die Sitzreihe

seat number
die
Sitzplatznummer

board games – die Brettspiele

backgammon	nine men's morris	draughts
Backgammon	Mühle	Dame

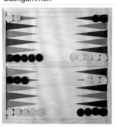

Chinese checkers
Halma
board
das Spielbrett

chess
Schach
chessboard square
das Schachbrettfeld

ludo
Mensch ärgere dich nicht

count
die Spielfigu

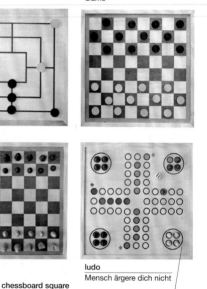

chessboard
das Schachbrett

knight
der Springer
bishop
der Läufer
queen
die Dame

king
der König

pawn
der Bauer
rook
der Turm

other games – andere Spiele

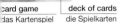

card game | **deck of cards**
das Kartenspiel | die Spielkarten

rummy
das Romméspiel

tarot cards
die Tarotkarten

Joker
der Joker

poker
das Pokerspiel

Playstation
die Playstation

Scrabble
das Scrabble

domino
das Dominospiel

die
der Würfel

dice cup
der Würfelbecher

game of dice
das Würfelspiel

puzzle
das Puzzlespiel

blackjack
das Blackjack

roulette
das Roulette

113

Music – Die Musik

music lesson
der Musikunterricht

 hi-hat
die Hi-Hat

music school
die Musikschule

to sing
singen

choir practice
die Chorstunde

choir
der Chor

 claviature
die Klaviatur

brass band
das Blasmusikorchester

earphone
die Kopfhöre

to play the guitar
Gitarre spielen

to play the piano
Klavier spielen

piano
das Klavier

to listen to music
Musik hören

musicteacher
der Musiklehrer

to attend music festivals – Musikfestivals besuchen

lighting system
die Lichtanlage

Jazz festival
das Jazzfestival

stage show
die Bühnenshow

PA
die Musikanlage

fan
der Fan

Outdoor Sports – Der Outdoorsport

king
s Wandern

king equipment
e Wanderausrüstung

climbing
das Bergsteigen

outdoor clothing
die Outdoorbekleidung

rock
der Felsen

wing
s Rudern

rowboat
das Ruderboot

x
r Steuermann

oar
das Ruder

sailing
das Segeln

sail
das Segel

boat
das Boot

ving
s Tauchen

diver
der Taucher

xygen tank
e Sauerstoffflasche

windsurfing
das Windsurfen

fishing
das Angeln

fisher
der Angler

fish
der Fisch

lu...
der Köd...

fishing rod
die Angel

fishing line
die Angelschnur

surfing
das Surfen

surfer
der Surfer

diving platform
der Sprungturm

starting block
der Startblock

diving board
das Sprungbrett

swimming pool
das Schwimmbecken

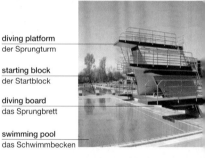

surfboard
das Surfbrett

to swim the crawl
kraulen

bathing ca...
die Badekap...

riding
das Reiten

breeches
die Reithosen

saddle
der Sattel

fence
der Zaun

riding ring
der Reitplatz

riding helmet
die Reitkappe

riding boots
die Reitstiefel

stirrup
der Steigbügel

swimming lane
die Schwimmbahn

swimmi...
das Schwimm...

ootball (soccer) – der Fußball

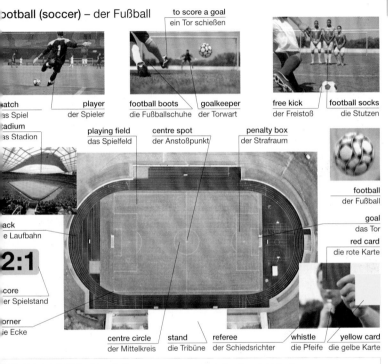

to score a goal
ein Tor schießen

atch
as Spiel

player
der Spieler

football boots
die Fußballschuhe

goalkeeper
der Torwart

free kick
der Freistoß

football socks
die Stutzen

adium
as Stadion

playing field
das Spielfeld

centre spot
der Anstoßpunkt

penalty box
der Strafraum

football
der Fußball

ack
e Laufbahn

goal
das Tor

red card
die rote Karte

2:1

core
er Spielstand

orner
ie Ecke

centre circle
der Mittelkreis

stand
die Tribüne

referee
der Schiedsrichter

whistle
die Pfeife

yellow card
die gelbe Karte

World Cup – die Weltmeisterschaft	first half – die erste Halbzeit
linesman – der Linienrichter	second half – die zweite Halbzeit
coach – der Trainer	kick-off – der Anstoß
penalty shoot-out – das Elfmeterschießen	penalty spot – der Elfmeterpunkt
extra time – die Verlängerung	football team – die Fußballmannschaft
offside – das Abseits	suspended – gesperrt
half time – die Halbzeit	

tennis
das Tennis

tennis racket
der Tennisschläger

net
das Netz

tennis ball
der Tennisball

sports trousers
die Sporthose

shuttlecock
der Federball

badminto
das Badminto

badminto
rack
der Badminto
schläge

golf
das Golf

golf ball
der Golfball

golf club
der Golfschläger

golf course
der Golfplatz

sandp
die Sandgrub

cycling
der Radsport

bicycle helmet
der Fahrradhelm

race
das Rennen

cycling shorts
die Fahrradhose

mountain biking
das Mountainbikefahren

high jump
der Hochsprung

inline skating
das Inlineskaten

elbow pad
der Ellenbogenschoner

crossbar
die Latte

skate ramp
die Skaterampe

knee pads
die Knieschoner

inline skates
die Inliner

jogging
das Joggen

skiing
das Skifahren

snowboarding
das Snowboarden

parachuting
das Fallschirmspringen

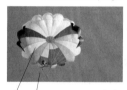

ski stick
der Skistock

skis
die Skier

snowboard
das Snowboard

parachute
der Fallschirm

parachutist
der Fallschirmspringer

Indoor Sports – Der Indoorsport

sports hall
die Sporthalle

hockey
das Eishockey

skating
das Eislaufen

basketball basket
der Basketballkorb

hockey stick
der Eishockeyschläger

goalie
der Torwart

skates
die Schlittschuhe

HOBBIES – DIE HOBBYS

acrobatics
die Akrobatik

gymnastics
das Turnen

stability ball
der Gymnastikball

sleeping mat
die Isomatte

legwarmers
die Stulpen

field hockey
das Hockey

yoga
das Yoga

cross-legged
im Schneidersitz

sports equipment – die Sportgeräte

horizontal bar
das Reck

hoop
der Reif

spring board
das Sprungbrett

gym bag
die Sporttasche

asymmetrical bars
der Stufenbarren

sneakers
die Sportschuhe

dancing couple
das Tanzpaar

dancing
das Tanzen

ballet
das Ballett

ballerina
die Ballerina

tutu
das Tutu

ballet shoe
der Ballettschuh

gym
das Fitnessstudio

exercise machine
das Fitnessgerät

workout
das Fitnesstraining

aerobics
das Aerobic

volleyball
das Volleyball

basketball
das Basketball

handball
das Handball

121

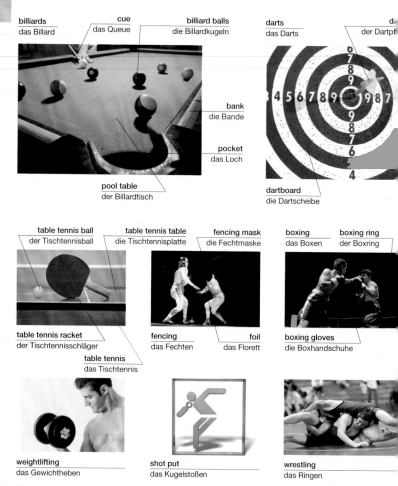

billiards
das Billard

cue
das Queue

billiard balls
die Billardkugeln

darts
das Darts

d.
der Dartpf

bank
die Bande

pocket
das Loch

pool table
der Billardtisch

dartboard
die Dartscheibe

table tennis ball
der Tischtennisball

table tennis table
die Tischtennisplatte

fencing mask
die Fechtmaske

boxing
das Boxen

boxing ring
der Boxring

table tennis racket
der Tischtennisschläger

fencing
das Fechten

foil
das Florett

boxing gloves
die Boxhandschuhe

table tennis
das Tischtennis

weightlifting
das Gewichtheben

shot put
das Kugelstoßen

wrestling
das Ringen

Martial Arts – Der Kampfsport

aikido
das Aikido

judo
das Judo

judo suit
der Judoanzug

black belt
der schwarze Gürtel

karate
das Karate

bodybuilder
der Bodybuilder

kick boxing
das Kickboxen

taekwondo
das Taekwondo

bodybuilding
das Bodybuilding

dumbbell – die Hantel

stopwatch – die Stoppuhr

spear – der Speer

bow – der Bogen

sports rifle – das Sportgewehr

rope – das Seil

rings – die Ringe

discus throw – das Diskuswerfen

to funambulate – Seil tanzen

tournament – das Turnier

first place – der erste Platz

second place – der zweite Platz

third place – der dritte Platz

awards ceremony – die Siegerehrung

cup – der Pokal

medal – die Medaille

certificate of victory – die Siegerurkunde

list of winners – die Siegerliste

winner's podium – das Siegerpodest

national anthem - die Nationalhymne

world record – der Weltrekord

to set a world record –
einen Weltrekord aufstellen

At the Bakery – Beim Bäcker

loaf of bread
der Brotlaib

plaited milk bread
der Hefezopf

toasted
getoastet

toast
das Toastbrot

brown bread
das Graubrot

rye bread
das Roggenbrot

wholemeal bread
das Vollkornbrot

white bread
das Weißbrot

baguette, French stick
das Baguette

brioche
die Brioche

crispbread
das Knäckebrot

naan bread
das Nan-Brot

croissant
das Croissant

roll
das Brötchen

slice
die Scheibe

sliced bread
geschnittenes Brot

filled roll
das belegte Brötchen

breakfast – das Frühstück	
oats – die Haferflocken	
porridge – der Haferbrei	
cornflakes – die Cornflakes	
muesli – das Müsli	
jam – die Marmelade	
jar – das (Marmeladen-)Glas	
marmalade – die Orangenmarmelade	
honey – der Honig	
pancake – der Pfannkuchen	
maple syrup – der Ahornsirup	
hazelnut spread – die Nuss-Nougat-Creme	
peanut butter – die Erdnussbutter	

In the Pastry Shop – In der Konditorei

cake
der Kuchen

glaze
der Tortenguss

piece
das Stück

baked pastry case
der Tortenboden

biscuits
die Kekse (der Keks)

cheesecake
der Käsekuchen

fruit cake
der Obstkuchen

meringue
der Baiser

chocolate chips
die Schokoladen-
stückchen

muffin paper cup
das Papiermuffinförmchen

puff pastry
der Blätterteig

muffin
der Muffin

cookie
der Cookie

chocolates
die Pralinen
(die Praline)

four-leave clover
das vierblättrige Kleeblatt

lucky charm
der Glücksbringer

ice cream wafer
die Eiswaffel

decoration
die Dekoration

sundae
der Eisbecher

marzipan
das Marzipan

ice cream
die Eiscreme

birthday cake
der Geburts-
tagskuchen

sprinkles
die Zuckerstreusel

filling
die Füllung

donuts
die Donuts

sponge cake
die Biskuitrolle

(Belgian) waffles
die (Belgischen)
Waffeln

choux pastry
der Brandteig

chocolate
coating
die Schokola-
denglasur

dough scraper
der Teigschaber

pastry
der Teig

Danish pastries
die Plunderteilchen

icing
der Zuckerguss

127

Dairy Produce and Eggs – Die Milchprodukte und die E

(whole) milk
die Vollmilch

skimmed milk
die Magermilch

condensed milk
die Kondensmilch

milk shake
der Milchshake

yoghurt
der Joghurt

fruit yoghurt
der Fruchtjoghurt

curd
der Quark

rice pudding
der Milchreis

cream
die Sahne

whipped cream
die Schlagsahne

margarine
die Margarine

butter
die Butter

fresh cheese
der Frischkäse

cottage cheese
der Hüttenkäse

mozzarella cheese
der Mozzarella

grated cheese
der geriebene Käse

goat's cheese
der Ziegenkäse

Parmesan cheese
der Parmesan

camembert
der Camembert

cheese fondue
das Käsefondue

melted chee
geschmolzener Kä

cheeseboard
die Käseplatte

rind
die Rinde

hard cheese
der Hartkäse

soft cheese
der Weichkäse

blue cheese
der Blauschimmelkäse

ta cheese
r Schafskäse

alloumi cheese
r Halloumi

ee-range
us Freilandhaltung

ard-boiled
art gekocht

oft-boiled
veich gekocht

scrambled egg
das Rührei

fried egg
das Spiegelei

egg white
das Eiweiß

egg
das Ei

egg shell
die Eierschale

egg yolk
das Eigelb

Meat – Das Fleisch

lamb meat
das Lammfleisch

beef
das Rindfleisch

pork
das Schweinefleisch

veal
das Kalbfleisch

venison
das Wild

mincemeat
das Hackfleisch

sausage
das Würstchen

cooked meat
der Aufschnitt

fat
das Fett

bacon
der Frühstücksspeck

slice of ha
die Schinkenscheit

ham
der Schinken

chop
das Kotelett

fillet
das Filet

rib
die Rippe

marinated
mariniert

bone
der Knochen

joint
die Keule

rabbit
das Kaninchen

smoked
geräuchert

Offal – Die Innereien

idney
ie Niere

liver
die Leber

tongue
die Zunge

veal heart
die Kalbsherz

ipes
ie Kutteln

sweetbread
das Kalbsbries

Poultry – Das Geflügel

duck
die Ente

thigh
der Schenkel

wing
der Flügel

urkey
ie Pute

goose
die Gans

chicken
das Hähnchen

chicken breast
die Hühnerbrust

Fish and Seafood – Der Fisch und die Meeresfrüchte

(rainbow) trout
die (Regenbogen-)Forelle

luce
der Hecht

carp
der Karpfen

pike-perch
der Zander

herring
der Hering

cod
der Kabeljau

mackerel
die Makrele

tuna
der Thunfisch

salmon
der Lachs

monkfish
der Seeteufel

haddock
der Schellfisch

sole
die Seezunge

plaice
die Scholle

sardines
die Sardinen

sea bass
Wolfsbarsch

halibut
der Heilbutt

swordfish
der Schwertfisch

eel
der Aal

(ing) prawn
e Garnele

crab
der Krebs

shrimps
die Krabben

clams
die Venusmuscheln

ussels
e Miesmuscheln

scallops
die Jakobsmuscheln

oysters
die Austern

squid
der Tintenfisch

ones
ie Gräten

fish fillet
das Fischfilet

caviar
der Kaviar

scales
die Schuppen

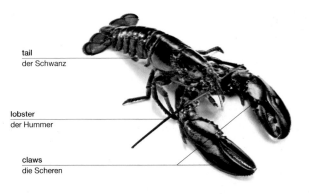

tail
der Schwanz

lobster
der Hummer

claws
die Scheren

Vegetables and Salad – Das Gemüse und der Salat

(French) bean
die grüne Bohne

kidney bean
die Kidneybohne

pea
die Erbse

sugarsnap pea
die Zuckerschote (Erbse

lentil
die Linse

bean sprout
die Bohnensprosse

sweetcorn
der Mais

Brussels sprout
der Rosenkohl

cauliflower
der Blumenkohl

floret
das Röschen

broccoli
der Brokkoli

spinach
der Spinat

celery
der Stangensellerie

rhubarb
der Rhabarber

carrot
die Möhre

tomato
die Tomate

red pepper
die rote Paprika

chili
die Chilischote

aubergine
die Aubergine

avocado
die Avocado

pumpkin
der Riesenkürbis

cucumber
die Salatgurke

courgette
die Zucchini

gherkin
die Gewürzgurke

leek
der Lauch

spring onion
die Frühlingszwiebel

garlic bulb
die Knoblauchknolle

garlic clove
die Knoblauchzehe

garlic
der Knoblauch

onion
die Zwiebel

horseradish
der Meerrettich

ginger
der Ingwer

mushroom
der Pilz

olive
die Olive

asparagus tip
die Spargelspitze

asparagus
der Spargel

potato
die Kartoffel

kale
der Grünkohl

white cabbage
der Weißkohl

fennel
der Fenchel

rocket
der Rucola/die Rauke

lettuce
der grüne Salat

mixed salad
der gemischte Salat

135

Herbs and Spices – Die Kräuter und die Gewürze

vanilla pods
die Vanilleschoten

vanilla
die Vanille

cinnamon
der Zimt

cinnamon stick
die Zimtstange

turmeric
die Kurkuma

paprika
das Paprikapulver

salt
das Salz

peppercorn
das Pfefferkorn

whole
pepper   ganz
der Pfeffer

grour
gemahle
peppermill
die Pfeffermühle

nutmeg
die Muskatnuss

cumin
der Kreuzkümmel

caraway
der Kümmel

saffron
der Safran

cloves
die Gewürznelken

juniper berry
die Wacholderbeere

star anise
der Sternanis

sugar
der Zucker

icing sugar
der Puderzucker

sugar cube
der Würfelzucker

brown sugar
der braune Zucker

demerara sugar
der Rohrzucker

emon balm
ie Zitronenmelisse

lovage
der Liebstöckel

parsley
die Petersilie

chives
der Schnittlauch

ay leaves
las Lorbeerblätter

rosemary
der Rosmarin

basil
das Basilikum

mint
die Minze

hyme
der Thymian

lavender
der Lavendel

lemongrass
das Zitronengras

chervil
der Kerbel

wild garlic
der Bärlauch

cress
die Kresse

sage
der Salbei

tarragon
der Estragon

marjoram
der Majoran

dill
der Dill

coriander
der Koriander

oregano
der Oregano

(European) Fruit – Das (europäische) Obst

apple
der Apfel

pear
die Birne

cherry
die Kirsche

strawberry
die Erdbeere

raspberry
die Himbeere

gooseberry
die Stachelbeere

blueberry
die Heidelbeere

blackberry
die Brombeere

rosehip
die Hagebutte

elderflower
der Holunder

grape
die Weintraube

plum
die Pflaume

redcurrant/blackcurrant
die Rote/Schwarze Johannisbeere

Tropical Fruit – Die Südfrüchte

emon
die Zitrone

orange
die Orange

grapefruit
die Grapefruit

carambola
die Sternfrucht

tangerine
die Mandarine

lime
die Limette

banana
die Banane

pineapple
die Ananas

mango
die Mango

nectarine
die Nektarine

peach
der Pfirsich

apricot
die Aprikose

water melon
die Wassermelone

honeydew melon
die Honigmelone

lychee
die Litschi

pomegranate
der Granatapfel

passion fruit
die Passionsfrucht

kiwi fruit
die Kiwi

fig
die Feige

date
die Dattel

Nuts, Kernels and Seeds – Die Nüsse, die Kerne und die Samen

nutcracker
der Nussknacker

almond
die Mandel

hazelnut
die Haselnuss

walnut
die Walnuss

pecan nut
die Pekannuss

peanut
die Erdnuss

nutshell
die Nussschale

macadamia nut
die Macadamianuss

pine nut
der Pinienkern

pistachio
die Pistazie

sunflower seed
der Sonnenblumenkern

pumpkin seed
der Kürbiskern

cashew nut
der Cashewkern

coconut
die Kokosnuss

chestnut
die Esskastanie

brazil nut
die Paranuss

Grains – Die Getreidearten

spelt
der Dinkel

wheat
der Weizen

semolina
der Grieß

cornmeal
das Maismehl

rye
der Roggen

oats
der Hafer

barley
die Gerste

rice
der Reis

wild rice
der Wildreis

bran
die Kleie

couscous
der Couscous

millet
die Hirse

quinoa
die Reismelde

Sweets and Nibbles – Die Süßigkeiten und die Knabbereien

sweets
die Bonbons

chocolate bar
die Schokoladentafel

fruit gum
der Weingummi

chocolate bar
der Schokoriegel

chewing gum
der Kaugummi

licquorice
die Lakritze

bag of crisps
die Chipstüte

crisps
die Chips

raisin
die Rosine

nachos
die Nachos

candyfloss
die Zuckerwatte

nougat
der Nougat

candied fruits
die kandierten Früchte

pretzel sticks
die Salzstangen

chewy candies
die Kaubonbons

lollipop
der Lutscher

mints
die Pfefferminzdrops

stick
der Stiel

142

Hot Drinks – Die heißen Getränke

coffee
der Kaffee

café au lait
der Milchkaffee

cup
die Tasse

decaffeinated
ohne Koffein

espresso
der Espresso

mug
der Becher

saucer
die Untertasse

cappuccino
der Cappuccino

foam
der Schaum

latte macchiato
der Latte macchiato

hot chocolate
der heiße Kakao

tea with lemon
der schwarze Tee mit Zitrone

herbal tea
der Kräutertee

camomile tea
der Kamillentee

mulled wine
der Glühwein

Cold Drinks – Die kalten Getränke

mineral water
das stille Mineralwasser

sparkling mineral water
das Mineralwasser mit
Kohlensäure

stra
der Strohhal

bottle
die Flasche

lemonade
die Limonade

coke
die Cola

beverage can
die Getränkedose

glass
das Glas

pitcher/jug
der Krug

orange juice
der Orangensaft

freshly squeezed
frisch gepresst

apple juice
der Apfelsaft

carrot juice
der Möhrensaft

tomato juice
der Tomatensaft

iced coffee
der Eiskaffee

ice tea
der Eistee

iced chocolate
die Eisschokolade

apple spritzer
die Apfelschorle

Alcoholic Drinks – Die alkoholischen Getränke

on tap
frisch gezapft

beer
das Bier

crown cap
der Kronkorken

bottled beer
das Flaschenbier

cider
der Apfelwein

red wine
der Rotwein

white wine
der Weißwein

cork
der Korken

corkscrew
der Korkenzieher

bottle opener
der Flaschenöffner

beer mats
die Bierdeckel

sparkling wine
der Sekt

champagne
der Champagner

whisky
der Whisky

ice cube
der Eiswürfel

brandy
der Weinbrand

coasters
die Untersetzer

without ice
ohne Eis

cocktail
der Cocktail

rum
der Rum

vodka
der Wodka

gin tonic
der Gin Tonic

liqueur
der Likör

Cooking Dinner at Home – Zu Hause essen und koche

vase
die Blumenvase

napkin
die Serviette

cutlery
das Besteck

crockery
das Geschirr

folde
gefalt

tab
der Tisc

to lay the tab
den Tisch decke

tableclo
die Tischdeck

trivet
der Topfuntersetzer

place mat
das Platzdeckchen

candlestick
der Kerzenständer

candle
die Kerze

Welcome! – Willkommen!

guests – die Gäste

host and hostess – der Gastgeber und die Gastgeberin

invitation – die Einladung

Would you like something to drink? –
Kann ich Ihnen/dir etwas zu trinken anbieten?

hungry – hungrig

thirsty – durstig

full – satt

drunk – betrunken

The food was delicious. – Das Essen war köstlich.

vegetarian – der Vegetarier, die Vegetarierin

vegan – der Veganer, die Verganerin

stew
der Eintopf

curry
das Currygericht

gratinated
überbacken

...ake
...er Auflauf

sauce
die Soße

omelette
das Omelett

side dishes
die Beilagen

...ast
...er Braten

custard
die Vanillesoße

stir-fry
das Pfannengericht

pasta
die Nudeln

...oodles
...ie Glasnudeln

lasagne
die Lasagne

buffet
das Büfett

dumpling
der Knödel

...ashed potatoes
...er Kartoffelbrei

mustard
der Senf

fish fingers
die Fisch-
stäbchen

frozen
tiefgefroren

broth
die Brühe

ice tongs
die Eiszange

...unflower oil
...as Sonnenblumenöl

vinegar
der Essig

yeast
die Hefe

sorbet
das Sorbet

pickled
eingelegt

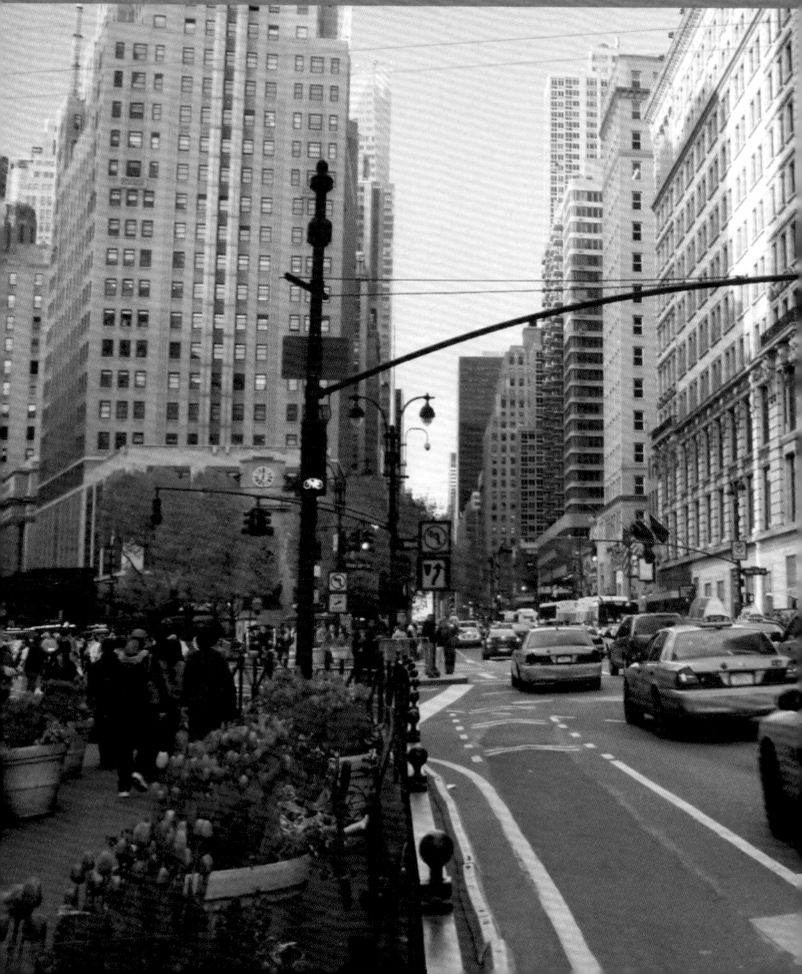

Parts of a City – Die Teile einer Stadt

inner city
die Innenstadt

suburb
der Vorort

residential area
das Wohngebiet

industrial esta
das Industriegebi

chimney stac
der Fabrikschornste

gas holder
der Gasometer

facto
die Fabr

detached house
das einzeln stehende Haus

terraced house
das Reihenhaus

high street
die Hauptstraße

old town
die Altstadt

pedestrian precinct
die Fußgängerzone

footpath
der Fußweg

pond
der Teich

pavilion
der Pavillon

park
der Park

park bench
die Parkbank

Buildings – Die Gebäude

to reflect
spiegeln

museum
das Museum

illuminated
angestrahlt

kyscraper
er Wolkenkratzer

office block
das Bürogebäude

apartment block
der Wohnblock

clappel
der Klöppel

bell
die Glocke

town hall
das Rathaus

turret clock
die Turmuhr

chimes
das Glockenspiel

tower
der Turm

flag
die Flagge

wrought-iron
schmiedeeisern

alace
as Schloss

gate
das Tor

mosque
die Moschee

ynagogue
ie Synagoge

temple
der Tempel

ruin
die Ruine

Church – Die Kirche

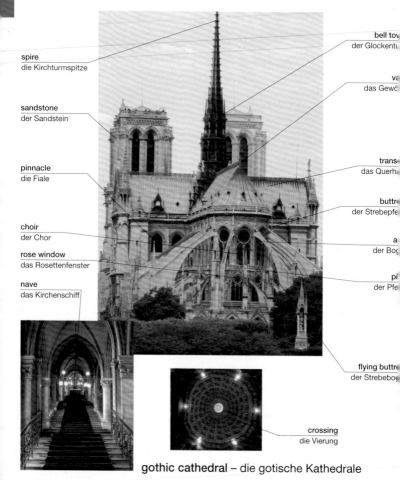

spire
die Kirchturmspitze

sandstone
der Sandstein

pinnacle
die Fiale

choir
der Chor

rose window
das Rosettenfenster

nave
das Kirchenschiff

bell tow
der Glockentu

va
das Gewö

transe
das Querha

buttre
der Strebepfe

a
der Bog

pi
der Pfe

flying buttre
der Strebebog

crossing
die Vierung

gothic cathedral – die gotische Kathedrale

Architectural Style – Der Baustil

romanesque
romanisch

renaissance
die Renaissance

baroque
der Barock

column
die Säule

art nouveau
der Jugendstil

monument
das Denkmal

gable
der Giebel

roof
das Dach

neoclassical
neoklassizistisch

bauhaus style
der Bauhausstil

dome
die Kuppel

marble
der Marmor

saint
der Heilige

inscription
die Inschrift

cemetery
der Friedhof

grave
das Grab

headstone
der Grabstein

wall
die Mauer

In the City – In der Stadt

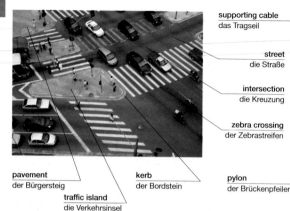

supporting cable
das Tragseil

street
die Straße

intersection
die Kreuzung

zebra crossing
der Zebrastreifen

pavement
der Bürgersteig

traffic island
die Verkehrsinsel

kerb
der Bordstein

pylon
der Brückenpfeiler

suspension bridge
die Hängebrücke

square
der Platz

arcades
die Arkaden

avenue
der Boulevard

fountain
der Brunnen

stairs
die Treppe

cobblestone
das Kopfsteinpflaster

alley
die Gasse

neon signs
die Leuchtreklame

street sign
das Straßenschild

traffic light
die Ampel

street light
die Straßenlaterne

litter bin
der Abfalleimer

kiosk, newsstand
der Kiosk

advertising column
die Litfaßsäule

multi-storey car park
das Parkhaus

underground car park
die Tiefgarage

car park
der Parkplatz

parking meter
die Parkuhr

parking space
die Parklücke

Shopping – Das Einkaufen

shop
das Geschäft

shop window
das Schaufenster

entrance
der Eingang

shopping centre
das Einkaufszentrum

market
der Markt

market stall
der Marktstand

greengrocer
der Gemüsehändler

flea market
der Flohmarkt

corner shop
der Tante-Emma-Laden

shop assistant
die Verkäuferin

boutique
die Boutique

counter
die Verkaufstheke

shelves
die Regale

stationery shop
der Schreibwarenladen

butcher
der Metzger

bookshop
der Buchladen

y shop
er Spielzeugladen

pharmacy
die Apotheke

chemist
die Drogerie

perfumery
die Parfümerie

weller
er Juwelier

optician
der Optiker

flower shop
der Blumenladen

gift shop
der Andenkenladen

ntiques shop
er Antiquitätenladen

wine store
die Weinhandlung

health food shop
das Reformhaus

pet shop
die Tierhandlung

onsumer electronics retailer
er große Elektronikmarkt

DIY store
der Baumarkt

furniture shop
das Möbelhaus

off licence
das Spirituosengeschäft

157

newsagent – der Zeitschriftenhändler

newspaper
die Zeitung

broadsheet
die seriöse Tageszeitung

tabloid
die Boulevardzeitung

magazine
die Zeitschrift

lottery ticket
der Lottoschein

book
das Buch

comic
der Comic

tobacco box
die Tabaksdose

bo
der Pfeifenko

tobacco
der Tabak

a packet of cigarette papers
ein Päckchen Zigarettenpapier

cigar
die Zigarre

pipe
die Pfeife

pipe cleaner
der Pfeifenreinige

striking surface
die Reibfläche

filter
der Filter

as
die Asch

match
das Streichholz

lighter
das Feuerzeug

matchbox
die Streichholzschachtel

cigarette
die Zigarette

ashtray
der Aschenbecher

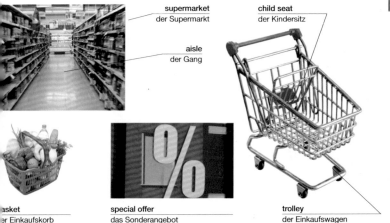

supermarket
der Supermarkt

aisle
der Gang

child seat
der Kindersitz

trolley
der Einkaufswagen

asket
er Einkaufskorb

special offer
das Sonderangebot

dairy
e Milchprodukte

deli
die Delikatessenabteilung

convenience food
die Fertiggerichte

tinned food
die Konserven

ozen food
e Tiefkühlgerichte

baby food
die Babynahrung

household products
die Haushaltswaren

keypad
die Tastatur

conveyor belt
das Laufband

price tag
das Preisschild

price
der Preis

cashier
die Kassiererin

scales
die Waage

checkout
die Kasse

coupon
der Gutschein

to pay
bezahlen

change
das Kleingeld

plastic bag
die Plastiktüte

cotton bag
die Stofftasche

paper bag
die Papiertüte

receipt
der Kassenbon

department store
das Kaufhaus

floor
die Etage

basement
das Untergeschoss

escalator
die Rolltreppe

lift
der Aufzug

toilet
die Kundentoilette

oiletries
e Toilettenartikel

haberdashery
die Kurzwaren

confectionery
die Süßwaren

linen
die Haushaltswäsche

kitchenware
die Küchenartikel

ood hall
ie Lebensmittelabteilung

customer services
der Kundendienst

sale
der Ausverkauf

baby changing facilities
der Babywickelraum

crèche
die Kinderbetreuung

en's wear
e Herrenabteilung

women's wear
die Damenabteilung

changing room
die Umkleidekabine

size
die Konfektionsgröße

clothes hanger
der Kleiderbügel

Services – Die Dienstleistungen

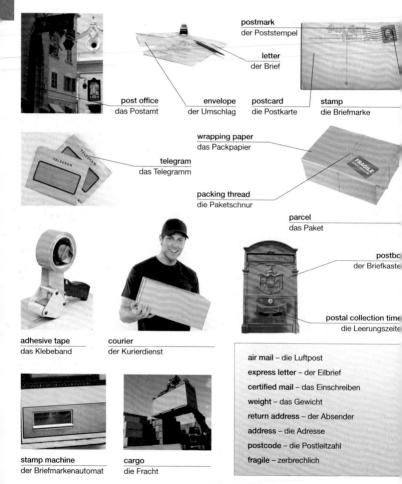

postmark
der Poststempel

letter
der Brief

post office
das Postamt

envelope
der Umschlag

postcard
die Postkarte

stamp
die Briefmarke

wrapping paper
das Packpapier

telegram
das Telegramm

packing thread
die Paketschnur

parcel
das Paket

postbo
der Briefkaste

postal collection time
die Leerungszeite

adhesive tape
das Klebeband

courier
der Kurierdienst

stamp machine
der Briefmarkenautomat

cargo
die Fracht

air mail – die Luftpost
express letter – der Eilbrief
certified mail – das Einschreiben
weight – das Gewicht
return address – der Absender
address – die Adresse
postcode – die Postleitzahl
fragile – zerbrechlich

162

bank
die Bank

counter
der Schalter

queue
die Schlange

foreign currency
die ausländische Währung

note
der Schein

coin
die Münze

money
das Geld

bureau de change
die Wechselstube

exchange rate
der Wechselkurs

debit card
die EC-Karte

credit card
die Kreditkarte

piggy bank
das Sparschwein

cash machine (ATM)
der Geldautomat

card slot
der Kartenschlitz

keypad
das Tastenfeld

receipt
die Quittung

safe
der Tresor

cheque
der Scheck

signature
die Unterschrift

safe deposit box
das Bankschließfach

traveller's cheque
der Reisescheck

current account – das Girokonto	**PIN code** – der PIN-Code
savings account – das Sparkonto	**overdraft** – die Überziehung
to withdraw – abheben	**charge** – die Gebühr
to pay in – einzahlen	**interest rate** – der Zinssatz
bank transfer – die Überweisung	

hairdresser
der Friseur

client
der Kunde

wet
nass

to wash
waschen

to straighten
glätten

to cut
schneiden

scissors
die Schere

comb
der Kamm

brush
die Bürste

curlers
die Lockenwickler

styling gel
das Haargel

hair wax
das Haarwachs

conditioner
die Spülung

hairdryer
der Föhn

hair mousse
das Haarschaum

to blow-dry
föhnen

shampoo
das Shampoo

hairspray
das Haarspray

moisturizer
die Feuchtigkeitscreme

beauty parlour
der Schönheitssalon

massage
die Massage

reflexology
die Reflexzonenmassage

waxing
die Haarentfernung

to pluck one's eyebrow
Augenbrauen zupfen

tweecers
die Pinzette

facial
die Gesichtsbehandlung

face pack
die Gesichtsmaske

fragrant oil
das Duftöl

to cleanse
reinigen

clothes rack
der Kleiderständer

dry cleaner's
die Reinigung

launderette
der Waschsalon

alteration shop
die Änderungsschneiderei

shoemaker
der Schuster

lock and key service
der Schlüsseldienst

dog parlour
der Hundesalon

travel agency
das Reisebüro

estate agent
der Immobilienmakler

video shop
die Videothek

copy shop
der Kopierladen

Eating Out – Auswärts essen

café
das Café

ice cream parlour
die Eisdiele

scoop
die Eiskugel

cone
das Hörnchen

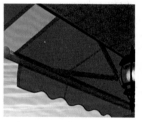

awning
die Markise

takeaway
die Imbissbude

cafeteria
das Selbstbedienungsrestaurant

snack bar
die Snackbar

beer garden
der Biergarten

pub
die Kneipe

bun
das Hamburgerbrötchen

mayonnaise
die Mayonnaise

ketchup
der Ketchup

French fries
die Pommes frites

ast food restaurant
das Fastfoodrestaurant

hamburger
der Hamburger

slice of lemon
die Zitronenscheibe

straw
der Strohhalm

crust
die Kruste

ot dog stall
der Hotdogstand

pizza
die Pizza

soft drink
das Erfrischungsgetränk

paper cup
der Pappbecher

paper napkin
die Papierserviette

Chinese takeaway
die chinesische Imbissbude

tray
das Tablett

167

restaurant
das Restaurant

cov⋯
die Glosch⋯

entrance
der Eingang

waiter
der Kellner

non-smoking section
der Nichtraucherbereich

a table for four
ein Tisch für vier Personen

tablecloth
die Tischdecke

napkin
die Serviette

menu
die Speisekarte

wine list
die Weinkarte

to order
bestellen

starter
die Vorspeise

soup
die Suppe

main course
das Hauptgericht

dessert
der Nachtisch

child's meal
der Kinderteller

side dish
die Beilage

blackboard
die Tafel

side salad
der Beilagensalat

daily special
das Tagesmenü

vegetarian dish
das vegetarische Gericht

bill
die Rechnung

to pay
bezahlen

tip
das Trinkgeld

Theatre and Opera – Das Theater und die Oper

theatre
das Theater

row
die Reihe

seat
der Sitzplatz

gong
der Gong

ticket
die Eintrittskarte

box office
die Theaterkasse

box
die Loge

balcony
der Balkon

stalls
das Parkett

programme
das Programmheft

upper circle
der zweite Rang

dress circle
der erste Rang

lobby
das Foyer

costume
das Kostüm

play
das Stück

comedy
die Komödie

tragedy
die Tragödie

mask
die Maske

musical
das Musical

ballet
das Ballett

cabaret
die Kleinkunst

ngs
e Kulisse

stage
die Bühne

curtain
der Vorhang

orchestra pit
der Orchestergraben

chestra
s Orchester

audience
das Publikum

cast
die Schauspieler

opera singer
die Opernsängerin

loist
r Solist

choir
der Chor

programme – das Programm

performance – die Vorstellung

interval – die Pause

refreshments – die Erfrischungen

first night – die Premiere

dress rehearsal – die Generalprobe

director – der Regisseur

to applaud – klatschen

171

Concerts – Die Konzerte

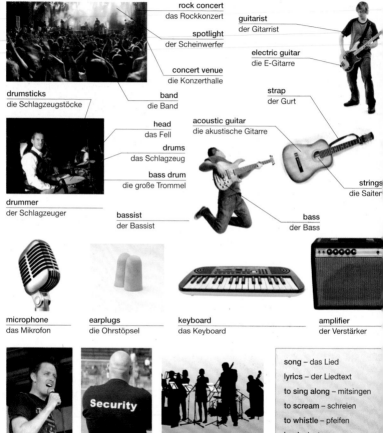

rock concert
das Rockkonzert

spotlight
der Scheinwerfer

concert venue
die Konzerthalle

band
die Band

guitarist
der Gitarrist

electric guitar
die E-Gitarre

strap
der Gurt

drumsticks
die Schlagzeugstöcke

head
das Fell

drums
das Schlagzeug

bass drum
die große Trommel

acoustic guitar
die akustische Gitarre

strings
die Saiter

drummer
der Schlagzeuger

bassist
der Bassist

bass
der Bass

microphone
das Mikrofon

earplugs
die Ohrstöpsel

keyboard
das Keyboard

amplifier
der Verstärker

lead singer
der Leadsänger

security guard
der Wachmann

jazzband
die Jazzband

song – das Lied

lyrics – der Liedtext

to sing along – mitsingen

to scream – schreien

to whistle – pfeifen

loud – laut

encore – die Zugabe

assical music – die klassische Musik

note
die Note

bar line
der Taktstrich

bar
der Takt

re
Noten

clef
der Notenschlüssel

symphony orchestra
das Symphonieorchester

baton
der Taktstock

ng fork
Stimmgabel

music stand
der Notenständer

ductor
Dirigent

D-major – D-Dur

D-minor – d-moll

chord – der Akkord

to tune – stimmen

ouverture – die Ouvertüre

quartet – das Quartett

conductor's podium –
das Dirigentenpult

Musical Instruments – Die Musikinstrumente

key
die Taste

pedal
das Pedal

organ pipe
die Orgelpfeife

grand piano
der Flügel

organ
die Orgel

chinrest
die Kinnstütze

bridge
der Steg

neck
der Hals

string
die Saite

peg
der Wirbel

bow
der Bogen

fingerboard
das Griffbrett

violin
die Geige

pegbox
der Wirbelkasten

harp
die Harfe

scroll
die Schnecke

flute
die Flöte

f-hole
das F-Loch

endpin
der Stachel

cellist
die Cellistin

bass
der Kontrabass

cello
das Cello

tailpiece
der Saitenhalter

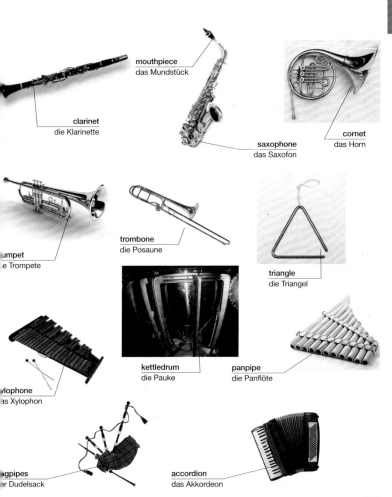

mouthpiece
das Mundstück

clarinet
die Klarinette

saxophone
das Saxofon

cornet
das Horn

umpet
e Trompete

trombone
die Posaune

triangle
die Triangel

kettledrum
die Pauke

panpipe
die Panflöte

lophone
as Xylophon

gpipes
r Dudelsack

accordion
das Akkordeon

175

Going Out – Ausgehen

reading
die Lesung

cinema
das Kino

film, movie
der Film

movie poster
das Filmplakat

usher
der Platzanweiser

animated film
der Zeichentrickfilm

barkeep
der Barkeep

beer tap
der Zapfhahn

bar
die Bar

bar stool
der Barhocker

piano player
der Pianist

casino
das Kasino

evening wear
die Abendgarderobe

jetons
die Spielchips

to dance
tanzen

dancefloor
die Tanzfläche

roulette
das Roulette

night club
die Disco

round
eine Runde

bouncer
der Türsteher

flirt
~~ten~~

to hit on someone
jemanden anmachen

DJ
der DJ

~~ive~~-in cinema
~~s~~ Autokino

funfair
der Rummelplatz

ferris wheel
das Riesenrad

rollercoaster
die Achterbahn

Road – Die Straße

kerb
der Bordstein

gutt[er]
der Rinnste[in]

street lamp
die Straßenlaterne

bicycle lan[e]
der Radwe[g]

lane
die Fahrspur

centre lin[e]
die Mittellin[ie]

turning lane
die Abbiege-
spur

grate
das Gitter

pedestrian lights
die Fußgängerampel

tarma[c]
der Aspha[lt]

parking meter
die Parkuhr

gully
der Gully

traffic lights
die Ampel

zebra crossing
der Zebrastreifen

excavator
der Bagger

pay and display machine
der Parkscheinautomat

parking ticket
der Strafzettel

traffic warden
die Politesse

roadworks
die Baustelle

ar park
er Parkplatz

disabled parking
der Behindertenparkplatz

traffic island
die Verkehrsinsel

gate
die Schranke

ignalling disc
ie Polizeikelle

raffic policeman
er Verkehrspolizist

tunnel
der Tunnel

bridge
die Brücke

underpass
die Unterführung

stop – Halt

right of way – die Vorfahrt

to give way – die Vorfahrt gewähren

priority road – die Vorfahrtstraße

one way street – die Einbahnstraße

two-way traffic – der Gegenverkehr

no waiting – das (absolute) Halteverbot

restricted parking – das (eingeschränkte)
Halteverbot

no entry – Einfahrt verboten

speed limit – die Geschwindigkeitsbegrenzung

passing prohibited – das Überholverbot

no U-turn – Wenden verboten

dead end – die Sackgasse

railway crossing – das Andreaskreuz
(der Bahnübergang)

slippery road – die Schleudergefahr

steep hill – das Gefälle

diversion route – die Umleitung

bumps – die Bodenwellen

traffic jam – der Stau

passing limit – das Überholverbot

direction to be followed – vorgeschriebene
Fahrtrichtung

load limit – die Beladungsgrenze

hairpin bend – die Haarnadelkurve

soft shoulder – der unbefestigte Randstreifen

narrow road ahead – Achtung, Engstelle

falling rocks – der Steinschlag

deer crossing – der Wildwechsel

roundabout – der Kreisverkehr

side winds – die Seitenwinde

pass on right – rechts vorbeifahren

driving school – die Fahrschule

driving lesson – die Fahrstunde

driving instructor – der Fahrlehrer

learner driver – der Fahrschüler

driving examiner – der Fahrprüfer

driving test – die Fahrprüfung

Motorway – Die Autobahn

three lane
dreispurig

acceleration lar
der Beschleunigungsstreife

fast lane
die Überholspur

motorway acces
die Auffah

exit
die Ausfahrt

central reserve
der Mittelstreifen

crash barri
die Leitplank

breakdown lane
die Standspur

marker po
der Leitpfoste

hazard light
das Warnblinklicht

warning triangle
das Warndreieck

roadhouse
die Raststätte

emergency telephone
die Notrufsäule

distance board
die Entfernungstafel

countdown marker
die Ankündigungsbake

Car – Das Auto

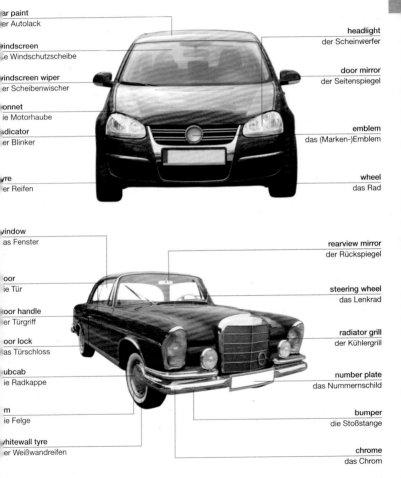

car paint
er Autolack

windscreen
die Windschutzscheibe

windscreen wiper
der Scheibenwischer

bonnet
die Motorhaube

indicator
der Blinker

tyre
der Reifen

headlight
der Scheinwerfer

door mirror
der Seitenspiegel

emblem
das (Marken-)Emblem

wheel
das Rad

window
das Fenster

door
die Tür

door handle
der Türgriff

door lock
das Türschloss

hubcab
die Radkappe

rim
die Felge

whitewall tyre
der Weißwandreifen

rearview mirror
der Rückspiegel

steering wheel
das Lenkrad

radiator grill
der Kühlergrill

number plate
das Nummernschild

bumper
die Stoßstange

chrome
das Chrom

183

rear window
die Heckscheibe

rear light
das Rücklicht

reversing light
der Rückfahr-
scheinwerfer

petrol
das Benzin

petrol fla
die Tankklapp

pump nozz
der Zapfhah

wir
der Kotflüg

petrol pump ho
der Zapfsäule
schlauc

cash readout
die Betragsanzeige

volume readout
die Mengenanzeige

price per litre
der Literpreis

petrol pump
die Tanksäule

petrol station
die Tankstelle

tank cap
der Tankdeckel

pump attendant
der Tankwart

exhaust fumes
die Abgase

exhaust
der Auspuff

boot
der Kofferraum

aerial
die Antenne

sun roof
das Sonnendach

rear shelf
die Hutablage

sticker
der Aufkleber

roof rack
der Dachgepäckträger

seat belt
der Sicherheitsgurt

back seat
die Rückbank

driver's seat
der Fahrersitz

seat cover
der Sitzbezug

centre console
die Mittelkonsole

head restraint
die Kopfstütze

front passenger's seat
der Beifahrersitz

wheel wrench
der Kreuzschlüssel

change of tyres
der Reifenwechsel

spare tyre
der Ersatzreifen

puncture
der Platten

oil change
der Ölwechsel

car jack
der Wagenheber

snow chains
die Schneeketten

winter tyre
der Winterreifen

treadmark
der Reifenabdruck

summer tyre
der Sommerreifen

all weather tyre
der Allwetterreifen

engine breakdown
der Motorschaden

185

Controls – Die Armaturen

speedomete
das Tachomete

dash board
das Armaturenbret

fuel gauge
die Tankanzeige

revolution counter
der Drehzahlmesser

air conditio
die Klimaanlag

left hand drive
die Linkssteuerung

ven
die Lüftung

indicator switch
der Blinkerhebel

glove compartmen
das Handschuhfach

horn
die Hupe

gearstic
der Schalthebe

wiper switch
der Scheibenwischerhebel

cigar lighte
der Zigarettenanzünde

car stereo
das Autoradio

hand brake
die Handbremse

traffic radic
der Verkehrsfunk

airbag
der Airbag

odometer
der Kilometerzähler

mileage
der Kilometerstand

interior door handle
der Türöffner

right hand drive
die Rechtssteuerung

cup holder
der Getränkehalter

clutch peda
das Kupplungspeda

brake pedal
das Bremspedal

accelerator pedal
das Gaspedal

GPS-System
das Navigationsgerät

child seat
der Kindersitz

high beam
das Fernlicht

low beam
das Abblendlicht

sun visor
die Sonnenblende

automatic
die Automatik-
schaltung

manual
die Handschal-
tung

air freshener
das Duftbäum-
chen

Different Types of Cars –
Die verschiedenen
Autotypen

compact car
der Kleinwagen

vintage car
der Oldtimer

four wheel drive
der Allradantrieb

off-road car
der Geländewagen

racing car
der Rennwagen

station wagon
der Kombi

convertible
das Cabrio

pick-up truck
der Pick-up

van
der Transporter

minibus
der Kleinbus

lorry
der LKW

stretch limousine
die Stretchlimousine

187

Motorcycle – Das Motorrad

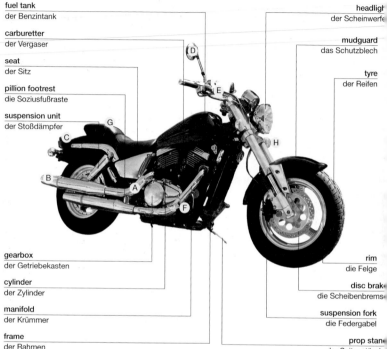

fuel tank
der Benzintank

carburetter
der Vergaser

seat
der Sitz

pillion footrest
die Soziusfußraste

suspension unit
der Stoßdämpfer

headlight
der Scheinwerfer

mudguard
das Schutzblech

tyre
der Reifen

gearbox
der Getriebekasten

cylinder
der Zylinder

manifold
der Krümmer

frame
der Rahmen

rim
die Felge

disc brake
die Scheibenbremse

suspension fork
die Federgabel

prop stand
der Seitenständer

gearchange pedal
die Gangschaltung

petcock
der Benzinhahn

A	exhaust pipe	– das Auspuffrohr
B	silencer	– der Auspufftopf
C	taillight	– der Rückscheinwerfer
D	rearview mirror	– der Rückspiegel
E	handlebar	– die Lenkstange
F	foot rest	– die Fußraste
G	pillion seat	– der Soziussitz
H	indicator	– der Blinker

centre stand
er Hauptständer

drum brake
die Trommelbremse

ignition lock
das Zündschloss

air filter
der Luftfilter

ank cap
er Tankdeckel

sidecar
der Beiwagen

horn
die Hupe

foot brake pedal
die Fußbremse

ickstart
er Kickstarter

indicator switch
der Blinkschalter

clutch lever
der Kupplungshebel

front brake lever
der Vorderbremsenhebel

throttle
der Gashahn

speedometer
das Tachometer

speedometer cable
das Tachokabel

revolution counter
der Drehzahlmesser

dometer
er Kilometerzähler

il pressure warning light
ldruckwarnanzeige

fuel gauge
die Tankanzeige

189

Motorcycle Clothing – Die Motorradbekleidung

reflector strap
der Reflektorstreifen

riding suit
die Motorradkombi

helmet
der Helm

leather
der Lederanzug

visor
das Visier

knee pad
der Knieschützer

leather glove
die Lederhandschuh

boot
die Stiefe

Various Types of Motorcycles –
Die verschiedenen Motorradtypen

racing bike
die Rennmaschine

trail bike
die Enduro

dirt bike
das Cross-Motorrad

tourer
die Tourenmaschine

chopper
der Chopper

quad bike
das Quad

trike
das Trike

small moped
das Mofa

scooter
der Roller

Bicycle – Das Fahrrad

handlebar
die Lenkstange

gear selector
der Schalthebel

bowden cable
der Bowdenzug

rim brake
die Felgenbremse

dynamo
der Dynamo

fork
die Gabel

tyre valve
das Reifenventil

pedal
die Pedale

crank
die Kurbel

bottom bracket
das Tretlager

fram
der Rahme

saddl
der Satte

carrier
der Gepäckträge

mudguar
das Schutzblec

reflecto
der Reflekto

spok
die Speich

tyre
der Reifen

inner tube
der Schlauch

rir
die Felg

lock
das Schloss

shifter
der Schalthebel

hub gears
die Nabenschaltung

tyre pump
die Luftpumpe

drum brake
die Trommelbremse

wheel
das (Lauf-)Rad

hub
die Nabe

ain wheel
as Kettenblatt

front derailleur
der (vordere) Umwerfer

rear sprocket
das (hintere) Ritzel

child seat
der Kindersitz

ar derailleur
er (hintere) Umwerfer

derailleur gear
die Kettenschaltung

Various Types of Bicycles –
Die verschiedenen Fahrradtypen

mountain bike
das Mountainbike

brake lever
der Bremsgriff

crossbar
die Stange

bicycle bottle holder
der Flaschen-
halter

chain
die Kette

stand
der Ständer

utch bike
as Hollandrad

racing bike
das Rennrad

ndem
as Tandem

children's bike
das Kinderrad

puncture kit – das Flickzeug

tyre lever – der Reifenheber

patch – der Flicken

tube glue – die Gummilösung

oil – das Öl

touring bike
das Tourenfahrrad

BMX bike
das BMX-Rad

Transport – Die Verkehrsmittel

rickshaw
die Rikscha

tram
die Straßenbahn

underground
die U-Bahn

railway
die Eisenbahn

taxi
das Taxi

tourist bus
der Touristenbus

coach
der Reisebus

double-decker bus
der Doppeldecker

shuttle (bus)
der Zubringer(-bus)

ship
das Schiff

ferry
die Fähre

car ferry
die Autofähre

river bus
das Wassertaxi

cog railway
die Zahnradbahn

monorail
die Magnetbahn

aeroplane
das Flugzeug

road transport
der Straßenverkehr

rail transport
der Schienenverkehr

maritime transport
der Seeverkehr

air transport
der Luftverkehr

Bus – Der Bus

route number
die Busliniennummer

bus stop
die Bushaltestelle

destination
das Ziel

driver
der Fahrer

entrance
der Einstieg

queue
die Warteschlange

emergency exit
der Notausstieg

window hammer
der Nothammer

timetable
der Fahrplan

ticket machine
der Fahrkartenautomat

handrail
der Haltegriff

bell
die Klingel

seat
der Sitzplatz

monthly ticket – das Monatsticket

ticket – der Fahrschein

regional traffic – der Regionalverkehr

long-distance traffic – der Fernverkehr

bus station – der Busbahnhof

hand loop – die Halteschlaufe

change – das Kleingeld

underground station – der U-Bahnhof

taxi rank – der Taxistand

Train – Der Zug

escalator
die Rolltreppe

ticket office
der Fahrkartenschalter

guard
der Schaffner

information desk
der Informationsschalter

indicator board
die Zuganzeige

station hall
die Bahnhofshalle

overhead wiring
die Oberleitung

locomotive
die Lokomotive

rail
das Gleis

wagon
der Waggon

platform
der Bahnsteig

railway switch
die Weiche

sleeper
die Schwelle

delay – die Verspätung

fare – der Fahrpreis

return ticket – das Rückfahrticket

one way – die einfache Fahrt

cancelled – annulliert

engineering work – die Bauarbeiten

postponed – verschoben

confirmation – die Bestätigung

to change trains – umsteigen

peak hour – die Hauptverkehrszeit

to dodge the fare – schwarz fahren

penalty fare – das erhöhte Beförderungentgelt

terminus – die Endstation

Aircraft – Das Flugzeug

fuselage
der Rumpf

cockpit
das Cockpit

nosewheel
das Bugfahrwerk

wing
der Flügel

landing gear
das Fahrwerk

flaps
die Landeklappen

engine
das Triebwerk

fin
das Seitenleitwerk

tail plane
das Höhenleitwerk

tail
das Heck

aileron
das Querruder

first class – die erste Klasse	to take off – starten
business class – die Businessklasse	to land – landen
economy class – die Economyklasse	jetlag – der Jetlag
luggage – das Gepäck	oxygen mask – die Sauerstoffmaske
hand luggage – das Handgepäck	fasten seat belt – bitte anschnallen

Passenger Cabin – Die Passagierkabine

window
das Fenster

seat
der Sitzplatz

armrest
die Armlehne

seat back
die Rückenlehne

seat belt
der Anschnallgurt

aisle
der Gang

row
die Reihe

emergency exit
der Notausgang

overhead locker
das Gepäckfach

vomit bag
der Spuckbeutel

stewardesses
die Stewardessen

pilot
der Pilot

life vest
die Rettungsweste

turbulences – die Turbulenzen	miles – die Meilen
transit – der Transit	escape slide – die Notrutsche
leg room – der Sitzabstand	non-smoking flight – der Nichtraucherflug
in-flight entertainment – das Bordprogramm	trolley – der Servierwagen
frequent flyer – der Vielflieger	in-flight magazine – das Bordmagazin

Airport – Der Flughafen

irport
er Flughafen

airline
die Fluggesellschaft

departure
der Abflug

arrival
die Ankunft

estination
as Reiseziel

international flight
der internationale Flug

domestic flight
der Inlandsflug

gate number
die Gate-Nummer

trolley
der Gepäckwagen

carousel
das Gepäckband

gangway
die Gangway

luggage reclaim
die Gepäckausgabe

customs
der Zoll

ower
er Tower

boarding
das Einsteigen

departure lounge
die Abflughalle

check-in counter
die Abfertigungsschalter

o check in
inchecken

security check
die Sicherheitskontrolle

passport control
die Passkontrolle

duty free
zollfrei

Various Types of Aircraft –
Die verschiedenen Flugzeugtypen

airliner
das Passagierflugzeug

airfreighter
das Transportflugzeug

private jet
der Privatjet

propeller aircraft
das Propellerflugzeug

sea plane
das Wasserflugzeug

glider
das Segelfluzeug

microlight
das Ultraleichtflugzeug

zeppelin
der Zeppelin

jet fighter
der Kampfjet

bomber
der Bomber

biplane
der Doppeldecker

aircraft
das Fluggerät

hot-air balloon
der Heißluftballon

gondola
die Gondel

Sailing Ship – Das Segelschiff

mast
der Mast

sail
das Segel

sailing ship
das Segelschiff

anchor
der Anker

railing
die Reling

wheel
das Steuerrad

sailors
die Matrosen

deck
das Deck

lookout
der Ausguck

rudder
das Ruder

rigging
die Takelage

cabin
die Kajüte

galley
die Kombüse

figurehead
die Galionsfigur

flag
die Flagge

keel
der Kiel

hatch
die Luke

aft
achtern

stern
das Heck

201

Passenger Liner – Das Passagierschiff

porthole
das Bullauge

bridge
die Brücke

engine room
der Maschinenraum

sun deck
das Sonnendeck

life boat
das Rettungsboot

life belt
der Rettungsring

propeller
die Schiffsschraube

radar
das Radar

funnel
der Schornstein

hull
der Rumpf

foghorn
das Nebelhorn

captain
der Kapitän

chief mate
der erste Offizier

crew
die Mannschaft

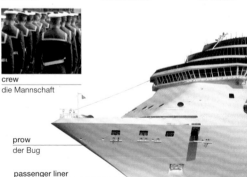

ship's bell
die Schiffsglocke

prow
der Bug

passenger liner
das Passagierschiff

arious Types of Ships – Die verschiedenen Schiffstypen

acht
ie Jacht

catamaran
der Katamaran

fishing net
das Fischernetz

fishing boat
das Fischerboot

container ship
das Containerschiff

addle steamer
er Raddampfer

oil tanker
der Öltanker

command centre
die Kommando-
zentrale

landing strip
die Landebahn

aircraft carrier
der Flugzeugträger

submarine
das U-Boot

ondola
ie Gondel

Venice
Venedig

house boat
das Hausboot

battleship
das Kriegsschiff

hovercraft
das Luftkissenboot

inflatable dinghy
das Schlauchboot

Harbour – Der Hafen

quay
der Kai

dock
das Dock

buoy
die Boje

ollard
er Poller

pier
der Pier

hawser
das Tau

landing stage
der Steg

shipyard
die Werft

Space Travel – Die Raumfahrt

carrier rocket
die Trägerrakete

space shuttle
die Raumfähre

spaceport
der Weltraumbahnhof

launching ramp
die Startrampe

countdown
der Countdown

space station
die Raumstation

stars
die Sterne

earth's atmosphere
die Erdatmosphäre

earth
die Erde

orbit
die Umlaufbahn

to spacewalk
einen Raumspaziergang machen

spacesuit
der Raumanzug

astronauts in space
Astronauten im Weltall

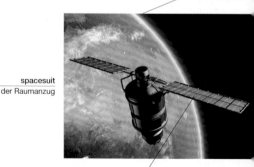

satellite
der Satellit

shadow
der Schatten

crater
der Krater

moonwalk
der Mondspaziergang

moon landing
die Mondlandung

surface
die Oberfläche

dusty
staubig

to be weightless
schwerelos sein

Different Types of Travelling – Die verschiedenen Arten des Reisens

business trip
die Geschäftsreise

family holiday
der Familienurlaub

honeymoon
die Hochzeitsreise

package tour
die Pauschalreise

round-the-world-trip
die Weltreise

backpacking tour
die Rucksackreise

short trip
der Wochenendtrip

city break
die Städtereise

safari
die Safari

vehicle fleet
der Fuhrpark

cruise ship
das Kreuzfahrtschiff

long-distance travel
die Fernreise

round trip
die Rundreise

group tour
die Gruppenreise

educational trip
die Bildungsreise

cruise
die Kreuzfahrt

hiking trail
der Wanderweg

pilgrimage
die Pilgerreise

school trip
die Klassenfahrt

field trip
die Exkursion

adventure tour
die Abenteuerreise

Booking and Preparation –
die Buchung und die Vorbereitung

to book
buchen

travel brochure
der Reisekatalog

check list
die Checkliste

to plan
planen

leaflet
das Faltblatt

booking
die Buchung

ticket
die Fahrkarte

passport
der Reisepass

seat reservation
die Platzkarte

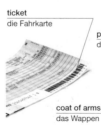

coat of arms
das Wappen

reservation
die Reservierung

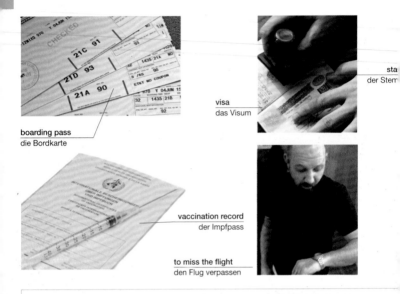

boarding pass
die Bordkarte

visa
das Visum

sta
der Stem

vaccination record
der Impfpass

to miss the flight
den Flug verpassen

itinerary – die Route

cancellation – die Stornierung

travel cancellation expenses insurance –
die Reiserücktrittskostenversicherung

baggage insurance – die Reisegepäckversicherung

travel health insurance –
die Auslandskrankenversicherung

vaccination – die Impfung

vaccination record – der Impfpass

malaria prophylaxis – die Malaria-Prophylaxe

tetanus shot – die Tetanusimpfung

hepatitis immunisation – die Hepatitisimpfung

to change a reservation – umbuchen

to reconfirm – einen Flug bestätigen

travel season – die Reisezeit

climate – das Klima

travel sickness – die Reisekrankheit

time difference – die Zeitverschiebung

border crossing – der Grenzübergang

Luggage, Baggage – Das Reisegepäck

excess baggage
das Übergepäck

to pack
packen

old-fashioned
altmodisch

suitcase
der Koffer

wheelie bag
der Rollkoffer

suitcase keys
die Kofferschlüssel

crammed
vollgestopft

sticker
der Aufkleber

luggage label
der Gepäckanhänger

overnight case
die Reisetasche

backpack
der Rucksack

suitcase lock
das Kofferschloss

vanity case
der Kosmetikkoffer

washbag
der Kulturbeutel

sling bag
die Schultertasche

bumbag
die Gürteltasche

money belt
der Geldgürtel

hand luggage
das Handgepäck

bulky baggage
das Sperrgepäck

trolley
der Kofferkuli

ziploc bag
der wiederverschließbare
Plastikbeutel

211

Useful Travel Utensils – Nützliche Reiseutensilien

travel pillow
das Nackenhörnchen

compression stockings
die Thrombosestrümpfe

coolbox
die Kühlbox

provisions
der Proviant

guidebook
der Reiseführer

dictionary
das Wörterbuch

foreign currency
das ausländische Geld

lashing strap
der Spanngurt

voltage
die Stromspannung

sewing kit
das Nähzeug

wet wipes
die feuchten Tücher

travel adapter plug
der Reisestecker/Adapter

travel detergent
das Handwaschmittel

earplugs
die Ohrstöpsel

first-aid kit
die Reiseapotheke

to spray
sprühen

patch, band-aid
das Pflaster

mosquito repellent
der Mückenschutz

At the Hotel – Im Hotel

resort
die Hotelanlage

hotel chain
die Hotelkette

reception desk
die Rezeption

basement garage
die Tiefgarage

lobby
die Lobby

lift
der Aufzug

exit sign
die Notausgangsleuchte

corridor
der Flur

fire extinguisher
der Feuerlöscher

single room
das Einzelzimmer

double room
das Doppelzimmer

twin room
das Zweibettzimmer

213

shared room
das Mehrbettzimmer

suite
die Suite

flower box
der Blumenkasten

en suite bathroom
Zimmer mit Bad

balcony
der Balkon

sunlounger
die Sonnenliege

cot
das Zustellbett

room number
die Zimmernummer

room key
der Zimmerschlüssel

key card
die Schlüsselkarte

porter
der Hotelpage

chambermaid
das Zimmermädchen

doorknob
die Türklinke

PLEASE
DO NOT
DISTURB

Do-not-disturb-sign
das Bitte-nicht-
stören-Schild

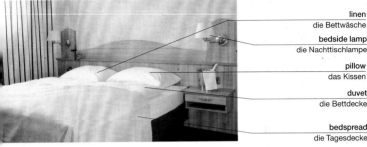

linen	die Bettwäsche
bedside lamp	die Nachttischlampe
pillow	das Kissen
duvet	die Bettdecke
bedspread	die Tagesdecke

woollen blanket
die Wolldecke

towels
die Handtücher

bathrobes
die Bademäntel

slippers
die Slipper

air condition
die Klimaanlage

mini bar
die Minibar

fan
der Ventilator

TRAVEL – DAS REISEN

TV
der Fernseher

buffet
das Büfett

breakfast buffet
das Frühstücksbüfett

to sweat
schwitzen

breakfast room
der Frühstücksraum

whirlpool
der Whirlpool

to clink glasses
anstoßen

spa area
der Wellnessbereich

poolbar
die Poolbar

pool landscape
die Poollandschaft

swimming pool
das Schwimmbad

waterslide
die Wasserrutsche

children's pool
das Kinderbecken

sauna
die Sauna

fitness room
der Fitnessraum

shoeshine machine
der Schuhputzautomat

vacancies – freie Zimmer	**discount for children** – die Kinderermäßigung
arrival – die Ankunft	**breakfast included** – mit Frühstück
departure – die Abfahrt	**half board** – die Halbpension
to check in – einchecken	**full board** – die Vollpension
to check out – auschecken	**room service** – der Zimmerservice
registration form – der Anmeldebogen	**tip** – das Trinkgeld
to fill in – ausfüllen	**evacuation route** – der Fluchtweg
first name – der Vorname	**barrier free** – behindertengerecht
last name – der Nachname	**broken** – defekt
date of birth – das Geburtsdatum	**pets allowed** – Haustiere erlaubt
nationality – die Nationalität	**alarm call** – der Weckanruf

Other Types of Accommodation –
Andere Arten der Unterbringung

baked beans
die Bohnen in Tomatensauce

Bed and Breakfast
die Frühstückspension

boarding house
die Pension

continental breakfast
das kontinentale Frühstück

full English breakfast
das englische Frühstück

heating
die Heizung

self-catering kitchen
die Selbstkocherküche

caretaker
der Verwalter

holiday home
die Ferienwohnung

bunk bed
das Stockbett/das Etagenbett

(youth) hostel
die Jugendherberge/
das Hostel

hostel warden
der Jugendherbergsvater

dormitory (dorm)
der Schlafsaal

to hire – leihen	
internet access – der Internetzugang	
deposit – die Kaution	
curfew – die (nächtliche) Schließzeit	
noise – der Lärm	
YHA membership card – der Jugendherbergsausweis	

locker
das Schließfach

common room
der Gemeinschaftsraum

laundry room
der Wäscheraum

Camping Holiday – Der Campingurlaub

campsite
der Campingplatz

shower block
die Duschen

campervan
das Wohnmobil

apsis
das Vorzelt

dome tent
das Igluzelt

tent peg
der Hering

flap
die Klappe

frame
das Gestänge

caravan
der Wohnwagen

tent pole
die Zeltstange

tent
das Zelt

trailer coupling
die Anhängerkupplung

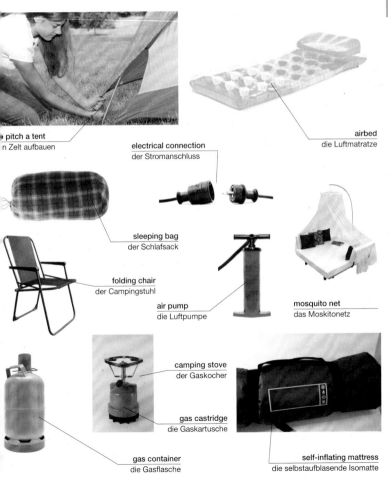

pitch a tent
n Zelt aufbauen

airbed
die Luftmatratze

electrical connection
der Stromanschluss

sleeping bag
der Schlafsack

folding chair
der Campingstuhl

air pump
die Luftpumpe

mosquito net
das Moskitonetz

camping stove
der Gaskocher

gas castridge
die Gaskartusche

gas container
die Gasflasche

self-inflating mattress
die selbstaufblasende Isomatte

cooking grate
der Grillrost

handle
der Griff

cooking se[t]
das Campinggeschi[rr]

barbecue
der Grill

flames
die Flammen

charcoal
die Holzkohle

log
das Holzscheit

penknife
das Taschenmesser

campfire
das Lagerfeuer

torch
die Taschenlampe

headlamp
die Stirnlampe

hurricane lamp
die Petroleumlampe

Taking Pictures – Fotos machen

flash
der Blitz

viewfinder
der Sucher

display
das Display

digital camera
die Digitalkamera

lens cap
die Schutzkappe

self timer
der Selbstauslöser

SLR camera
die Spiegelreflexkamera

shutter release
der Auslöser

crosshairs
das Fadenkreuz

telephoto lens
das Teleobjektiv

focus
fokussieren

lens
die Linse

zoom
der Zoom

close up image
die Makroaufnahme

memory cards
die Speicherkarten

wide angle lens
das Weitwinkelobjektiv

rechargeable battery
der Akku

film
der Film

tripod
das Stativ

to take a picture
ein Bild machen

portrait format
das Hochformat

landscape format
das Querformat

group picture
das Gruppenfoto

snapshot
der Schnappschus

darkroom
die Dunkelkammer

blurred, out-of-focus
unscharf

dark
dunkel

overexposed
überbelichtet

to process
entwickeln

At the Beach – Am Strand

spray
die Gischt

sea
das Meer

footprint
der Fußabdruck

surf
die Brandung

wave
die Welle

pebble beach
der Steinstrand

coconut
die Kokosnuss

sandy beach
der Sandstrand

nudist beach
der FKK-Strand

palm tree
die Palme

flotsam
das Strandgut

algae
die Algen

jellyfish
die Qualle

seashell
die Muschel

starfish
der Seestern

low tide – die Ebbe

high tide – die Flut

current – die Strömung

dangerous – gefährlich

water temperature – die Wassertemperatur

sand dunes
die Dünen

seaside resort
das Seebad

dusk
die Dämmerung

pier
die Seebrücke

seafront
die Strandpromenade

changing cubicles
die Umkleidekabinen

bike rental
der Fahrradverleih

pedalo
das Tretboot

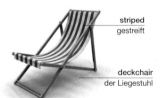

striped
gestreift

deckchair
der Liegestuhl

beach chair
der Strandkorb

hammock
die Hängematte

sand castle
die Sandburg

sand
der Sand

shove
die Schaufe

bucke
der Eime

sand moul
das Förmche

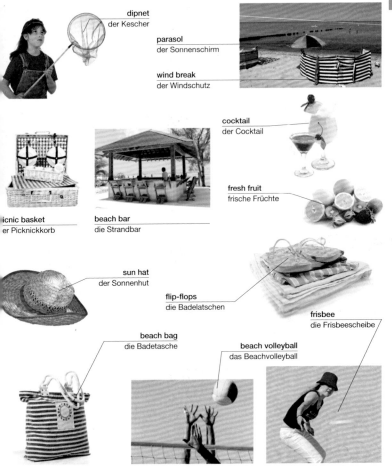

dipnet
der Kescher

parasol
der Sonnenschirm

wind break
der Windschutz

cocktail
der Cocktail

fresh fruit
frische Früchte

picnic basket
der Picknickkorb

beach bar
die Strandbar

sun hat
der Sonnenhut

flip-flops
die Badelatschen

frisbee
die Frisbeescheibe

beach bag
die Badetasche

beach volleyball
das Beachvolleyball

badminton
das Federball

stunt kite
der Lenkdrachen

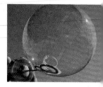

bubbles
die Seifenblasen

to bathe
baden

lifeguard
die Badeaufsicht

rubber boa
das Schlauchboc

diving goggles
die Taucherbrille

swimming goggles
die Schwimmbrille

beach ball
der Wasserball

to dive
tauchen

fins
die Flossen

to snorkel
schnorcheln

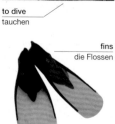

rubber rin
der Schwimmreife

snorkel
der Schnorchel

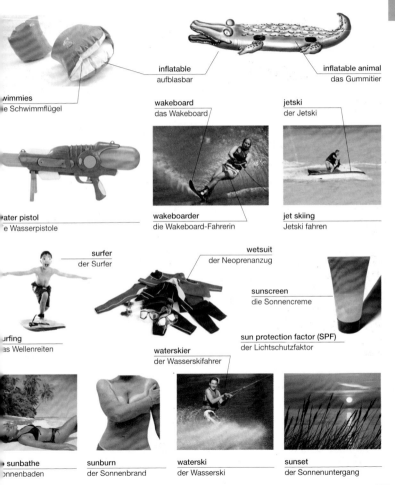

inflatable
aufblasbar

inflatable animal
das Gummitier

wimmies
e Schwimmflügel

wakeboard
das Wakeboard

jetski
der Jetski

ater pistol
e Wasserpistole

wakeboarder
die Wakeboard-Fahrerin

jet skiing
Jetski fahren

surfer
der Surfer

wetsuit
der Neoprenanzug

sunscreen
die Sonnencreme

urfing
as Wellenreiten

sun protection factor (SPF)
der Lichtschutzfaktor

waterskier
der Wasserskifahrer

sunbathe
nnenbaden

sunburn
der Sonnenbrand

waterski
der Wasserski

sunset
der Sonnenuntergang

City Break – Die Städtetour

sightseeing
die Besichtigungstour

guided tour
die Führung

tour guide
der Touristenführer

city tour
die Stadtrundfahrt

open-top bus
oben offener Sightseeingbus

landmark
das Wahrzeichen

Eiffel tower
Eiffelturm

the leaning tower of Pisa
der Schiefe Turm von Pisa

river cruise
die Flussfahrt

Great Wall of China
die Chinesische Mauer

tourist information
die Touristeninformation

baptistery
das Baptisterium

historic building
das historische Gebäude

sights
die Sehenswürdigkeiten

city map
der Stadtplan

timetable
der Fahrplan

bureau de change
die Wechselstube

ruin
die Ruine

museum
das Museum

art gallery
die Galerie

observation deck
die Aussichtsplattform

exhibition
die Ausstellung

botanical gardens
der botanische Garten

look-out
der Aussichtsturm

gift shop
der Andenkenladen

souvenir
das Andenken

zoo
der Zoo

open – geöffnet

closed – geschlossen

entrance fee – das Eintrittsgeld

adult – der Erwachsene

concessions – die Ermäßigungen

Where is …? – Wo ist …?

left – links

right – rechts

I'm lost. – Ich habe mich verlaufen.

pickpocket – der Taschendieb

Winter Holidays – Die Winterferien

skier
der Skifahrer

frozen
zugefroren

fresh snow
der Neuschnee

snow
der Schnee

powder snow
der Tiefschnee

ski sticks
die Skistöcke

skis
die Skier

to ski
Ski fahren

slope
die Piste

snowboarding
das Snowboarden

snowboarder
der Snowboardfahrer

ski suit
der Skianzug

anorak
der Anorak

helmet
der Helm

ski goggles
die Skibrille

ski gloves
die Skihandschuhe

binding
die Bindung

ski boots
die Skischuhe

winter sports reso
der Wintersporto

mittens
die Fausthandschuh

ski lift   T-bar lift   glacier   aerial cableway   cabin
der Skilift   der Schlepplift   der Gletscher   die Gondelbahn   die Kabine

chairlift   valley station   peak station   ski pass
der Sessellift   die Talstation   die Bergstation   der Skipass

cross-country skiing
der Langlauf

cross-country ski track
die Loipe

après ski   husky   button lift
das Après-Ski   der Schlittenhund   der Tellerlift

dog sledding   toboggan   sleigh   avalanche
das Schlittenhunderennen   der Schlitten   der Pferdeschlitten   die Lawine

In the Mountains – In den Bergen

summit
der Gipfel

mountain
der Berg

rock
der Felsen

national park
der Nationalpark

mountain range
das Gebirge

forest
der Wald

Alps
die Alpen

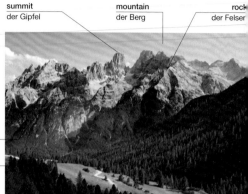

valley
das Tal

mountain pasture
die Alm

hill
der Hügel

pass
der Pass

look-out
der Aussichtspunkt

village
das Dorf

rock face
die Felswand

mountain cabana
die Berghütte

compass
der Kompass

hiking map
die Wanderkarte

trekking, hiking
das Wandern

GPS
das GPS-Gerät

high altitude sickness
die Höhenkrankheit

blister
die Blase (am Fuß)

waterfall
der Wasserfall

cave
die Höhle

river
der Fluss

bank
das Ufer

gorge
die Schlucht

lake
der See

view
die Aussicht

More Things to See on Holiday –
Was man im Urlaub noch sehen kann

landscape
die Landschaft

cliffs
die Klippen

coast
die Küste

fishing village
das Fischerdorf

harbour
der Hafen

berth
der Ankerplatz

lighthouse
der Leuchtturm

coral reef
das Korallenriff

smoke
der Rauch

volcanic eruption
der Vulkanausbruch

island
die Insel

lagoon
die Lagune

volcano
der Vulkan

desert
die Wüste

savanna
die Savanne

oasis
die Oase

taiga
die Taiga

reindeer
das Rentier

antlers
das Geweih

wooden runway
der hölzerne Steg

tundra
die Tundra

moor
das Moor

forest
der Wald

swamp
das Sumpfgebiet

famous bridge
die berühmte Brücke

castle
das Schloss

sail of a windmill
der Windmühlenflügel

windmill
die Windmühle

fortress
die Festung

torero
der Stierkämpfer

pyramids
die Pyramiden

locals
die Einheimischen

fancy dress
das Kostüm

ceremony
die Zeremonie

bull fight
der Stierkampf

celebration
das Fest

carnival
der Karneval

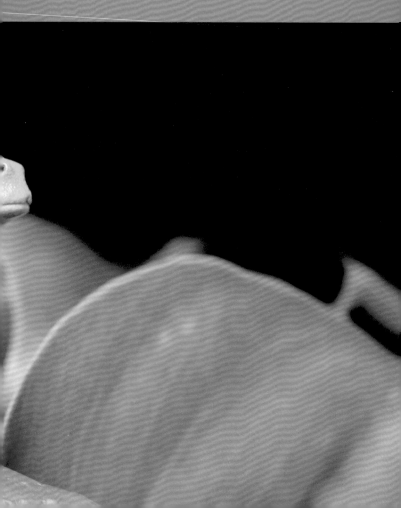

Trees – Die Bäume

bud
die Knospe

knothole
das Astloch

annual ring
der Jahresring

stump
der Stumpf

tree
der Baum

crown
die Krone

petiole
der Spreitengrund

blade
die Blattspreite

lateral vein
die Seitenrippe

leaf
das Blatt

tip
die Spreitenspitze

margin
der Blattrand

midrib
die Mittelrippe

branch
der Ast

twig
der Zweig

trunk
der Stamm

bark
die Rinde

root
die Wurzel

foliage
das Laub

conifers – die Nadelbäume

spruce
die Fichte

fir needles
die Tannennadeln

ir
die Tanne

cone
der Zapfen

cedar
die Zeder

arch
die Lärche

pine
die Pinie

scots pine
die Kiefer

cypress
die Zypresse

239

broadleaf trees – die Laubbäume

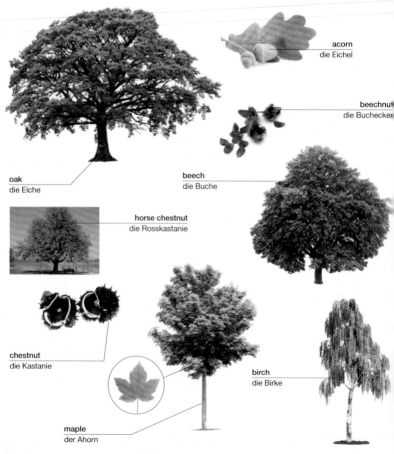

acorn
die Eichel

beechnut
die Buchecker

oak
die Eiche

beech
die Buche

horse chestnut
die Rosskastanie

chestnut
die Kastanie

birch
die Birke

maple
der Ahorn

willow
die Weide

poplar
die Pappel

fruit tree
der Obstbaum

sycamore
die Platane

moss
das Moos

orchard
die Obstwiese

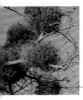

lime tree
die Linde

mistletoe
die Mistel

ash
die Esche

other trees – andere Bäume

dewdrop
der Tautropfen

holly
die Stechpalme, der Ilex

baobab
der Affenbrotbaum

bamboo
der Bambus

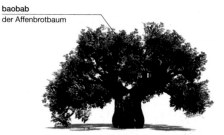

redwood tree
der Mammutbaum

umbrella acacia
die Schirmakazie

Shrubs and Hedges – Die Sträucher und die Hecken

copse
das Gebüsch

bush
der Busch

elderbush
der Holunderstrauch

juniper
der Wacholder

hazel
der Haselstrauch

hawthorn
der Weißdorn

blackthorn
der Schlehdorn

wild brier
der Hagebuttenstrauch

broom
der Ginster

oleander
der Oleander

hydrangea
die Hortensien

bougainvillea
die Bougainvillea

rhododendron
der Rhododendron

hedge
die Hecke

dog roses
die Heckenrosen

boxwood
der Buchsbaum

European Wild Plants and Flowers –
Europäische Wildpflanzen und -blumen

grass
das Gras

mushroom
der Pilz

lichen
die Flechte

fly agaric
der Fliegenpilz

poisonous mushroom
der giftige Pilz

thistle
die Distel

stinging nettle
die Brennnessel

sorrel
der Sauerampfer

hogweed
der Bärenklau

chamomile
die Kamille

fern
der Farn

cowslip
die Sumpfdotterblume

heather
das Heidekraut

poppy
der Mohn

dandelion
der Löwenzahn

dandelion clock
die Pusteblume

245

clover
der Klee

daisy
das Gänseblümchen

snowdrop
das Schneeglöckchen

crocus
der Krokus

buttercup
die Butterblume

lily of the valley
das Maiglöckchen

cornflower
die Kornblume

ivy
der Efeu

water lily
die Seerose

Ornamental Plants – Die Zierpflanzen

petal
das Blütenblatt

blossom
die Blüte

stem
der Stängel

thorn
der Dorn

rose
die Rose

calyx
der Blütenkelch

seed
der Samen

rambler
die Kletterrose

carnation
die Nelke

primrose
die Primel

pansy
das Stiefmütterchen

tulip
die Tulpe

daffodil
die Narzisse

iris
die Iris

lilac
der Flieder

marguerite
die Margerite

marigold
die Ringelblume

violet
das Veilchen

247

cyclamen
das Alpenveilchen

dahlia
die Dahlie

gladiolus
die Gladiole

potted plant
die Topfpflanze

flower soil
die Blumenerde

geranium
die Geranie

expanded clay pellets
das Substrat

flower pot
der Blumentopf

hydroponics
die Hydrokultur

cactus
der Kaktus

ficus
der Ficus

Indian rubber tree
der Gummibaum

carnivorous plant
die fleischfressende Pflanze

bouquet
der Blumenstrauß

cut flower
die Schnittblume

ponytail palm
der Elefantenfuß

to water the flowers – die Blumen gießen	
to be in full bloom – in voller Blüte stehen	
fragrant – duftend	
to wilt – welken	
abgestorben – dead	
to fertilise – düngen	
weed – das Unkraut	
to weed – jäten	
to cut diagonally – schräg anschneiden	
to classify flowers – Blumen bestimmen	
to arrange flowers – Blumen anordnen	
nocturnal flowers – die Nachtblüher	
spring flowers – die Frühlingsblumen	

Agricultural Crops – Die Nutzpflanzen

vine
die Weinrebe

rapeseed
der Raps

hemp
der Hanf

hop
der Hopfen

lavender
der Lavendel

sunflower
die Sonnenblume

mustard
der Senf

cotton
die Baumwolle

sugar cane
das Zuckerrohr

Insects – Die Insekten

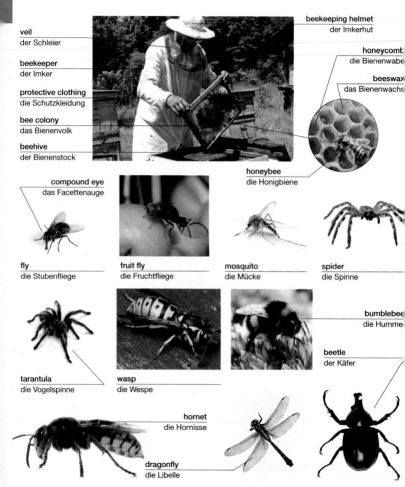

beekeeping helmet
der Imkerhut

veil
der Schleier

beekeeper
der Imker

honeycomb
die Bienenwabe

beeswax
das Bienenwachs

protective clothing
die Schutzkleidung

bee colony
das Bienenvolk

beehive
der Bienenstock

honeybee
die Honigbiene

compound eye
das Facettenauge

fly
die Stubenfliege

fruit fly
die Fruchtfliege

mosquito
die Mücke

spider
die Spinne

tarantula
die Vogelspinne

wasp
die Wespe

bumblebee
die Hummel

beetle
der Käfer

hornet
die Hornisse

dragonfly
die Libelle

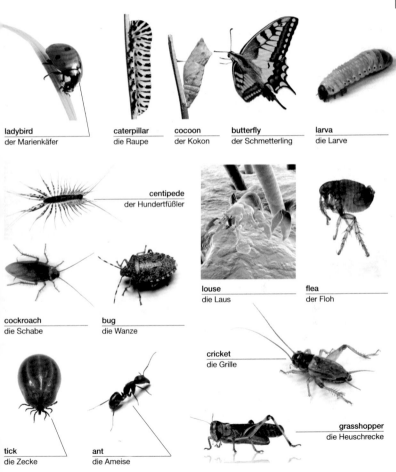

ladybird
der Marienkäfer

caterpillar
die Raupe

cocoon
der Kokon

butterfly
der Schmetterling

larva
die Larve

centipede
der Hundertfüßler

louse
die Laus

flea
der Floh

cockroach
die Schabe

bug
die Wanze

cricket
die Grille

tick
die Zecke

ant
die Ameise

grasshopper
die Heuschrecke

Birds – Die Vögel

European birds – europäische Vögel

beak
der Schnabel

feather
die Feder

wing
der Flügel

claw
die Kralle

blackbird
die Amsel

sparrow
der Sperling

tit
die Meise

crow
die Krähe

pigeon
die Taube

raven
der Rabe

cuckoo
der Kuckuck

nightingale
die Nachtigall

woodpecker
der Specht

swallow
die Schwalbe

magpie
die Elster

kingfisher
der Eisvogel

pheasant
der Fasan

swan
der Schwan

peacock
der Pfau

stork
der Storch

heron
der Reiher

crane
der Kranich

seabirds – die Seevögel

gull
die Möwe

pelican
der Pelikan

albatross
der Albatros

puffin
der Papageientaucher

oystercatcher
der Austernfischer

penguin
der Pinguin

exotic birds – die exotischen Vögel

flamingo
der Flamingo

hummingbird
der Kolibri

toucan
der Tukan

lovebird
die Unzertrennlichen

parrot
der Papagei

budgie
der Wellensittich

canary bird
der Kanarienvogel

ostrich
der Strauß

birds of prey – die Greifvögel

emu
der Emu

kiwi
der Kiwi

vulture
der Geier

eagle
der Adler

hawk
der Habicht

owl
die Eule

falcon
der Falke

buzzard
der Bussard

255

The Aquarium – Das Aquarium

fish – die Fische

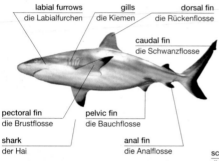

labial furrows
die Labialfurchen

gills
die Kiemen

dorsal fin
die Rückenflosse

caudal fin
die Schwanzflosse

pectoral fin
die Brustflosse

pelvic fin
die Bauchflosse

shark
der Hai

anal fin
die Analflosse

ray
der Rochen

scales
die Schuppen

piranha
der Piranha

swordfish
der Schwertfisch

clownfish
der Clownfisch

cleaner fish
der Putzerfisch

goldfish
der Goldfisch

koi carp
der Koi-Karpfen

blowfish
der Kugelfisch

sea urchin
der Seeigel

shoal
der Fischschwarm

seahorse
das Seepferdchen

coral
die Koralle

guppy
der Guppy

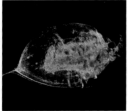

plankton
das Plankton

sponge
der Schwamm

Amphibians and Reptiles – Die Amphibien und die Reptili

frog
der Frosch

tadpole
die Kaulquappe

toad
die Kröte

iguana
der Leguan

snake
die Schlange

venomous snake
die Giftschlange

shell
der Panzer

cobra
die Kobra

blindworm
die Blindschleiche

tortoise
die Schildkröte

turtle
die Wasserschildkröte

alligator
der Alligator

crocodile
das Krokodil

Zoo Animals – Die Zootiere

trunk
der Rüssel

lion's mane
die Löwenmähne

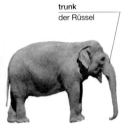

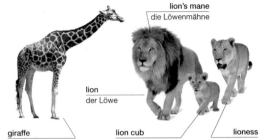

lion
der Löwe

elephant
der Elefant

giraffe
die Giraffe

lion cub
das Löwenbaby

lioness
die Löwin

tiger
der Tiger

leopard
der Leopard

cheetah
der Gepard

horn
das Horn

rhinoceros
das Nashorn

hippo
das Flusspferd

zebra
das Zebra

259

antelope
die Antilope

gorilla
der Gorilla

chimpanzee
der Schimpanse

baboon
der Pavian

suricate
das Erdmännchen

hyena
die Hyäne

American bison
der amerikanische Bison

warthog
das Warzenschwein

porcupine
das Stachelschwein

hump
der Höcker

camel
das Kamel

llama
das Lama

orang-utan
der Orang-Utan

grizzly
der Grizzlybär

panda
der Panda

koala
der Koala

brown bear
der Braunbär

polar bear
der Eisbär

seal
die Robbe

anteater
der Ameisenbär

sloth
das Faultier

kangaroo
das Känguru

whale
der Wal

dolphin
der Delfin

European Wild Animals – Europäische Wildtiere

mole
der Maulwurf

bat
die Fledermaus

hedgehog
der Igel

squirrel
das Eichhörnchen

marmot, groundhog
das Murmeltier

marten
der Marder

beaver
der Biber

hare
der Hase

fo
der Fuch

badger
der Dachs

raccoon
der Waschbär

wolf
der Wolf

wild boar
das Wildschwein

deer
das Rotwild

antlers
das Geweih

moose
der Elch

stag
der Hirsch

roe
das Reh

fawn
das Kitz

game
das Wild

Pets – Die Haustiere

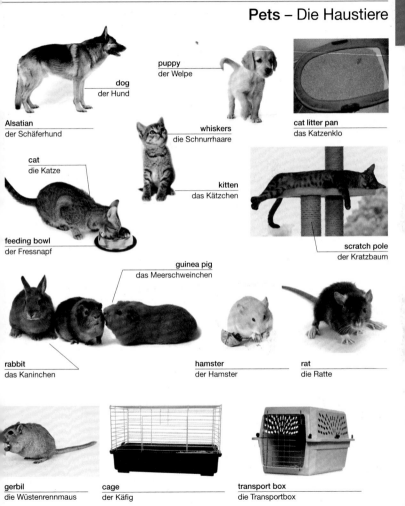

puppy
der Welpe

dog
der Hund

Alsatian
der Schäferhund

whiskers
die Schnurrhaare

cat litter pan
das Katzenklo

cat
die Katze

kitten
das Kätzchen

feeding bowl
der Fressnapf

scratch pole
der Kratzbaum

guinea pig
das Meerschweinchen

rabbit
das Kaninchen

hamster
der Hamster

rat
die Ratte

gerbil
die Wüstenrennmaus

cage
der Käfig

transport box
die Transportbox

Farm Animals – Die Bauernhoftiere

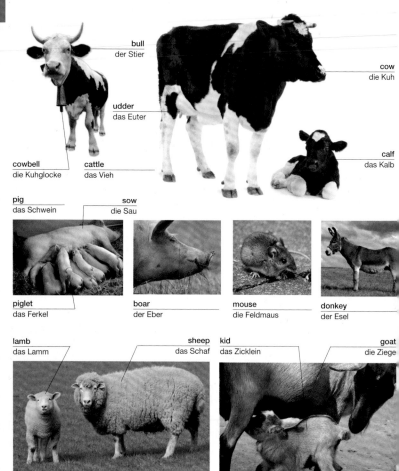

bull
der Stier

cow
die Kuh

udder
das Euter

calf
das Kalb

cowbell
die Kuhglocke

cattle
das Vieh

pig
das Schwein

sow
die Sau

piglet
das Ferkel

boar
der Eber

mouse
die Feldmaus

donkey
der Esel

lamb
das Lamm

sheep
das Schaf

kid
das Zicklein

goat
die Ziege

cockscomb
der Hahnenkamm

wattle
der Kehllappen

rooster
der Hahn

chicken
das Huhn

hen
die Henne

chick
das Küken

mane
die Mähne

turkey
der Truthahn

goose
die Gans

duck
die Ente

tail
der Schweif

horseshoe
das Hufeisen

to gallop
galoppieren

hoof
der Huf

horse
das Pferd

head collar
das Halfter

mare
die Stute

to graze
grasen

foal
das Fohlen

to trot
traben

stallion
der Hengst

gelding
der Wallach

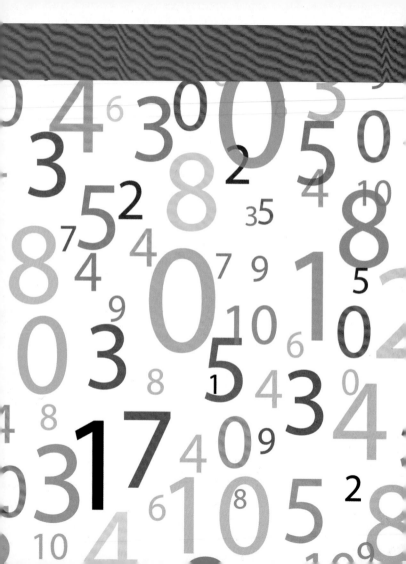

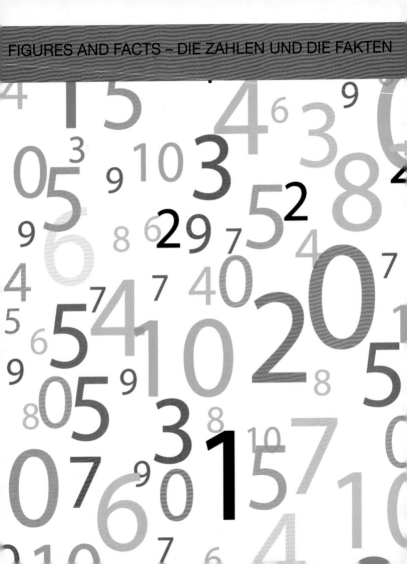

Cardinal Numbers – Die Kardinalzahlen

1	one	–	eins	16	sixteen	–	sechzehn
2	two	–	zwei	17	seventeen	–	siebzehn
3	three	–	drei	18	eighteen	–	achtzehn
4	four	–	vier	19	nineteen	–	neunzehn
5	five	–	fünf	20	twenty	–	zwanzig
6	six	–	sechs	21	twenty-one	–	einundzwanzig
7	seven	–	sieben	22	twenty-two	–	zweiundzwanzig
8	eight	–	acht	23	twenty-three	–	dreiundzwanzig
9	nine	–	neun	30	thirty	–	dreißig
10	ten	–	zehn	40	forty	–	vierzig
11	eleven	–	elf	50	fifty	–	fünfzig
12	twelve	–	zwölf	60	sixty	–	sechzig
13	thirteen	–	dreizehn	70	seventy	–	siebzig
14	fourteen	–	vierzehn	80	eighty	–	achtzig
15	fifteen	–	fünfzehn	90	ninety	–	neunzig

100 a/one hundred	–	einhundert
102 one hundred and two	–	einhundertzwei
200 two hundred	–	zweihundert
253 two hundred and fifty-three	–	zweihundertdreiundfünfzig
300 three hundred	–	dreihundert
1,000 a/one thousand	–	eintausend
2,000 two thousand	–	zweitausend
3,000 three thousand	–	dreitausend
3,189 three thousand, one hundred and eighty-nine	–	dreitausendeinhundertneunundachtzig
10,000 ten thousand	–	zehntausend
100,000 one hundred thousand	–	einhunderttausend
1,000,000 a/one million	–	eine Million
1,000,000,000 one billion	–	eine Milliarde

Ordinal Numbers – Die Ordnungszahlen

1st	first	– 1. erster	11th	eleventh	– 11. elfter
2nd	second	– 2. zweiter	12th	twelfth	– 12. zwölfter
3rd	third	– 3. dritter	13th	thirteenth	– 13. dreizehnter
4th	fourth	– 4. vierter	14th	fourteenth	– 14. vierzehnter
5th	fifth	– 5. fünfter	15th	fifteenth	– 15. fünfzehnter
6th	sixth	– 6. sechster	16th	sixteenth	– 16. sechzehnter
7th	seventh	– 7. siebter	17th	seventeenth	– 17. siebzehnter
8th	eighth	– 8. achter	18th	eighteenth	– 18. achtzehnter
9th	ninth	– 9. neunter	19th	nineteenth	– 19. neunzehnter
10th	tenth	– 10. zehnter	20th	twentieth	– 20. zwanzigster

21st	twenty-first	– 21.	einundzwanzigster
22nd	twenty-second	– 22.	zweiundzwanzigster
23rd	twenty-third	– 23.	dreiundzwanzigster
30th	thirtieth	– 30.	dreißigster
40th	fortieth	– 40.	vierzigster
50th	fiftieth	– 50.	fünfzigster
60th	sixtieth	– 60.	sechzigster
70th	seventieth	– 70.	siebzigster
80th	eightieth	– 80.	achtzigster
90th	ninetieth	– 90.	neunzigster
100th	hundredth	– 100.	einhundertster
102nd	one hundred and second	– 102.	einhundertzweiter
200th	two hundredth	– 200.	zweihundertster
253rd	two hundred and fifty-third	– 253.	zweihundertdreiundfünfzigster
300th	three hundredth	– 300.	dreihundertster
1,000th	one thousandth	– 1.000.	eintausendster
2,000th	two thousandth	– 2.000.	zweitausendster
3,000th	three thousandth	– 3.000.	dreitausendster
3,189th	three thousand one hundred and eighty ninth	– 3.189.	dreitausend- einhundertneunundachtzigster
10,000th	ten hundredth	– 10.000.	zehntausendster
1,000,000th	one millionth	– 1.000.000.	ein millionster
1,000,000,000th	one billionth	– 1.000.000.000.	ein milliardster

Fractions – Die Brüche

½	a half	–	ein halb
⅓	a third	–	ein Drittel
¼	a quarter	–	ein Viertel
⅕	a fifth	–	ein Fünftel
⅛	an eighth	–	ein Achtel
¾	three quarters	–	drei Viertel
7/2	seven halves	–	sieben Halbe
5½	five and a half	–	fünfeinhalb
9/15	nine fifteenth (or nine over fifteen)	–	neun Fünfzehntel
34/214	thirty-four over two hundred and fourteen	–	vierunddreißig Zweihundertvierzehntel

Collective Numbers – Die Mengenzahlen

6	a half dozen/half a dozen	–	ein halbes Dutzend
12	a/one dozen	–	ein Dutzend
24	two dozen	–	zwei Dutzend
144	a/one gross	–	ein Gros / zwölf Dutzend

Expressions of Frequency – Die Wiederholungszahlen

once	–	einmal
twice	–	zweimal
three times	–	dreimal
four times	–	viermal
many times	–	viele Male, vielmals, oft
several times	–	mehrmals
sometimes	–	manchmal
never	–	niemals

---

single – einfach

double/twofold – doppelt/zweifach

triple/treble/threefold – dreifach

quadruple/fourfold – vierfach

fivefold – fünffach

sixfold – sechsfach

manifold – vielfach

Year Dates – Die Jahreszahlen

1936	nineteen (hundred and) thirty-six	–	neunzehnhundertsechsunddreißig
1506	fifteen-o-six	–	fünfzehnhundertsechs
1042	ten forty-two	–	tausendzweiundvierzig

Decades – Die Jahrzehnte

20's	twenties	–	20er	die Zwanziger
50's	fifties	–	50er	die Fünfziger
80's	eighties	–	80er	die Achtziger

Centuries – Die Jahrhunderte

1st century BC	–	das 1. Jahrhundert v. Chr.
3rd century AD	–	das 3. Jahrhundert n. Chr.
15th century	–	das 15. Jahrhundert
21st century	–	das 21. Jahrhundert
BC (before Christ)	–	v. Chr. (vor Christus)
AD (anno Domini)	–	n. Chr. (nach Christus)

Measures and Amounts –
Die Maß- und Mengenangaben

| measure | – | das Maß |
| amount | – | die Menge |

Measures of Length, Capacity and Square –
Die Längen-, Raum- und Flächenmaße

British Units – Die britischen Maße

inch	–	der Zoll	1 inch	=	2,54 cm
foot	–	der Fuß	1 foot	=	30,48 cm
yard	–	das Yard	1 yard	=	91,44 cm
mile	–	die Meile	1 mile	=	1609 km

Metric System – Das metrische System

length	–	die Länge
millimetre	–	der Millimeter
centimetre	–	der Zentimeter
decimetre	–	der Dezimeter
metre	–	der Meter
decametre	–	der Dekameter
kilometre	–	der Kilometer

area	–	die Fläche
square millimetre	–	der Quadratmillimeter
square centimetre	–	der Quadratzentimeter
square decimetre	–	der Quadratdezimeter
square metre	–	der Quadratmeter
square kilometre	–	der Quadratkilometer
are	–	der Ar
acre	–	der Acre
hectare	–	der Hektar

capacity	–	das Fassungsvermögen
cubic millimetre	–	der Kubikmillimeter
cubic centimetre	–	der Kubikzentimeter
cubic decimetre	–	der Kubikdezimeter
cubic metre	–	der Kubikmeter

How far is it to …? – Wie weit ist es bis …?

That's close. – Das ist nah.

That's far. – Das ist weit.

distance – die Entfernung

Liquid Measures of Capacity – Die Flüssigkeitsmaße

British Units – Die britischen Maße

liquid		die Flüssigkeit			
gill	–	das Viertelpint	1 gill	=	0,142 l
pint	–	das Pint	1 pint	=	0,568 l
quart	–	das Quart	1 quart	=	1,136 l
gallon	–	die Gallone	1 gallon	=	4,564 l
barrel	–	das Fass	1 barrel	=	159,106 l

Metric System – Das metrische System

millilitre	–	der Milliliter			
decilitre	–	der Deziliter			
half-litre	–	der halbe Liter			
litre	–	der Liter			
decalitre	–	der Dekaliter	1 decalitre	=	10 l
hectolitre	–	der Hektoliter	1 hectolitre	=	100 l

How long is it that? – Wie lang ist das?	That's small. – Das ist klein.
That's long. – Das ist lang.	That's big. – Das ist groß.
That's short. – Das ist kurz.	

Weights – Die Gewichte

weight	–	das Gewicht
to weigh	–	wiegen
to estimate	–	schätzen
How much does it weigh?	–	Wie viel wiegt das?
That's heavy.	–	Das ist schwer.
That's light.	–	Das ist leicht.
scale	–	der Maßstab, die Skala
balance	–	die Waage

FIGURES AND FACTS – DIE ZAHLEN UND DIE FAKTEN

British Units – Die britischen Maße

grain	–	das Gran	1 grain =	0,065	g
pound	–	das Pfund	1 pound =	453,59	g
stone	–	das Stone	1 stone =	6,348	kg
quarter	–	das Viertel	1 quarter =	12,701	kg
ton	–	die Tonne	1 ton =	1016	kg

Metric System – Das metrische System

milligramme	–	das Milligramm
centigramme	–	das Zentigramm
decigramme	–	das Dezigramm
gramme	–	das Gramm
decagramme	–	das Dekagramm
hectogramme	–	das Hektogramm
kilogramme	–	das Kilogramm

Time – Die Uhrzeit

clock-face
das Ziffernblatt

minute hand
der Minutenzeiger

clock
die Uhr

second hand
der Sekundenzeiger

hour hand
der Stundenzeiger

wristwatch
die Armbanduhr

pocket watch
die Taschenuhr

chain
die Uhrenkette

crown
die Krone

watch case
das Uhrengehäuse

watchstrap
das Uhrenarmband

to reset – umstellen

to lose – nachgehen

to run fast – vorgehen

time – die Uhrzeit(-en)

quarter past seven
viertel nach sieben

quarter to twelve
viertel vor zwölf

half past two
halb drei

twenty-five past eight
fünf vor halb neun

twenty-five to three
fünf nach halb drei

noon
zwölf Uhr mittags

midnight
Mitternacht

two o'clock
zwei Uhr

5 a.m.
5 Uhr morgens

5 p.m.
5 Uhr abends

day
der Tag

night
die Nacht

a.m. (ante meridiem = before noon)

a.m. means it is morning time from midnight to 12.00 o'clock midday. –
a.m. umfasst die Zeitspanne von Mitternacht bis 12 Uhr mittags.

p.m. (post meridiem = after noon)

p.m. means it is afternoon time from 12 o'clock midday to midnight. –
p.m. umfasst die Zeitspanne von 12 Uhr mittags bis Mitternacht.

---

time zone – die Zeitzone

hour – die Stunde

half an hour – die halbe Stunde

quarter of an hour – die Viertelstunde

minute – die Minute

second – die Sekunde

What time is it? – Wie spät ist es?

It's five o'clock. – Es ist fünf Uhr.

You are too late. – Du bist zu spät.

You are too early. – Sie sind zu früh.

Please be here soon. – Sei bitte bald hier.

She's on time. – Sie ist pünktlich.

How long will it last? – Wie lange dauert es?

The show starts at 8 o'clock. – Die Show beginnt um 8 Uhr.

The pub opens at noon. – Der Pub macht um 12 Uhr Mittags auf.

Please be here at 5 p.m. at the latest. – Bitte sei spätestens um 17 Uhr hier.

bank holiday – der (gesetzliche) Feiertag

opening hours – die Öffnungszeiten

Open from ... to ... – Geöffnet von ... bis ...

We serve beer until midnight. – Wir servieren Bier bis Mitternacht.

We are closed between 2 and 3 o'clock. – Wir haben zwischen 2 und 3 Uhr geschlossen.

Sundays closed – Sonntag Ruhetag

Calendar – Der Kalender

weekday
der Wochentag

weekend
das Wochenende

day
der Tag

month
der Monat

				I		
MO	DI	MI	DO	FR	SA	SO
				1	2	3
4	5	6	7	8	9	10
11	12	13	14	15	16	17
18	19	20	21	22	23	24
25	26	27	28	29	30	31

				II		
MO	DI	MI	DO	FR	SA	SO
1	2	3	4	5	6	7
8	9	10	11	12	13	14
15	16	17	18	19	20	21
22	23	24	25	26	27	28

				III		
MO	DI	MI	DO	FR	SA	SO
			1	2	3	4
5	6	7	8	9	10	11
12	13	14	15	16	17	18
19	20	21	22	23	24	25
26	27	28	29	30		

				IV		
MO	DI	MI	DO	FR	SA	SO
					1	2
3	4	5	6	7	8	9
10	11	12	13	14	15	16
17	18	19	20	21	22	23
24	25	26	27	28	29	30
31						

				V		
MO	DI	MI	DO	FR	SA	SO
1	2	3	4	5	6	
7	8	9	10	11	12	13
14	15	16	17	18	19	20
21	22	23	24	25	26	27
28	29	30				

				VI		
MO	DI	MI	DO	FR	SA	SO
			1	2	3	4
5	6	7	8	9	10	11
12	13	14	15	16	17	18
19	20	21	22	23	24	25
26	27	28	29	30	31	

				VII		
MO	DI	MI	DO	FR	SA	SO
2	3	4	5	6	7	1
9	10	11	12	13	14	8
16	17	18	19	20	21	15
23	24	25	26	27	28	22
30	31					29

				VIII		
MO	DI	MI	DO	FR	SA	SO
1	2	3	4	5		
6	7	8	9	10	11	12
13	14	15	16	17	18	19
20	21	22	23	24	25	26
27	28	29	30			

week
die Woche

Monday
der Montag

Tuesday
der Dienstag

Wednesday
der Mittwoch

Thursday
der Donnerstag

Sunday
der Sonntag

Saturday
der Samstag

Friday
der Freitag

today – heute	next month – nächsten Monat
tomorrow – morgen	last year – letztes Jahr
the day after tomorrow – übermorgen	hourly – stündlich
quarter of an hour – die Viertelstunde	daily – täglich
yesterday – gestern	weekly – wöchentlich
the day before yesterday – vorgestern	monthly – monatlich
this week – diese Woche	annual – jährlich

afternoon – der Nachmittag	night – die Nacht
evening – der Abend	midnight – die Mitternacht
yesterday – gestern	

year – das Jahr	century – das Jahrhundert
decade – das Jahrzehnt	millennium – das Jahrtausend

Months – Die Monate

A	**January** – der Januar
B	**February** – der Februar
C	**March** – der März
D	**April** – der April
E	**May** – der Mai
F	**June** – der Juni

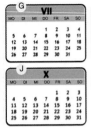

G	July	– der Juli
H	August	– der August
I	September	– der September
J	October	– der Oktober
K	November	– der November
L	December	– der Dezember

the twenty-first of
May nineteen hundred
and seventyeight/
21st May 1978
einundzwanzigster Mai
neunzehnhundertacht-
undsiebzig
21. Mai 1978

the seventh of march/
7th March
siebter März
7. März

January the eleventh/
January 11th
elfter Januar
11. Januar

June the sixth nine-
teen seventy-four/
June 6, 1974
sechster Juni neun-
zehnhundertvierund-
siebzig
6. Juni 1974

**Wednesday, the second of
March**
Mittwoch, der zweite März

on Friday, the twenty-second
of January two thousand and
five/**22nd January, 2005**
am Freitag, den zweiundzwan-
zigsten Januar zweitausend-
fünf
22. Januar 2005

Which day is it today? – Was für ein Tag ist heute?

Which day of the week is it today? – Welcher Wochentag ist heute?

What date is today? – Der wievielte ist heute?

When is your birthday? – Wann ist dein Geburtstag?

Seasons – Die Jahreszeiten

spring
der Frühling

summer
der Sommer

autumn
der Herbst

winter
der winter

Temperature – Die Temperatur

thermometer
das Thermometer

temperature
die Temperatur

Celsius
Celsius

Fahrenheit
Fahrenheit

Weather – Das Wetter

sunny
sonnig

cloudy
wolkig

foggy
neblig

windy
windig

stormy
stürmisch

rainy
regnerisch

cold
kalt

warm
warm

hot
heiß

overcast
bedeckt

smoggy
versmogt

snowy
verschneit

icy
vereist

weather forecast
der Wetterbericht/die Wettervorhersage

sunshine – der Sonnenschein

rain – der Regen

thunderstorm – das Gewitter

lightning – der Blitz

gale – der Sturm

breeze – die Brise

wind – der Wind

windspeed – die Windgeschwindigkeit

storm warning – die Sturmwarnung

hail – der Hagel

snow – der Schnee

heat – die Hitze

aridity – die Dürre

muggy – schwül

humid – feucht

moderate – gemäßigt

EARTH AND GEOGRAPHY – DIE ERDE UND DIE GEOGRAFIE

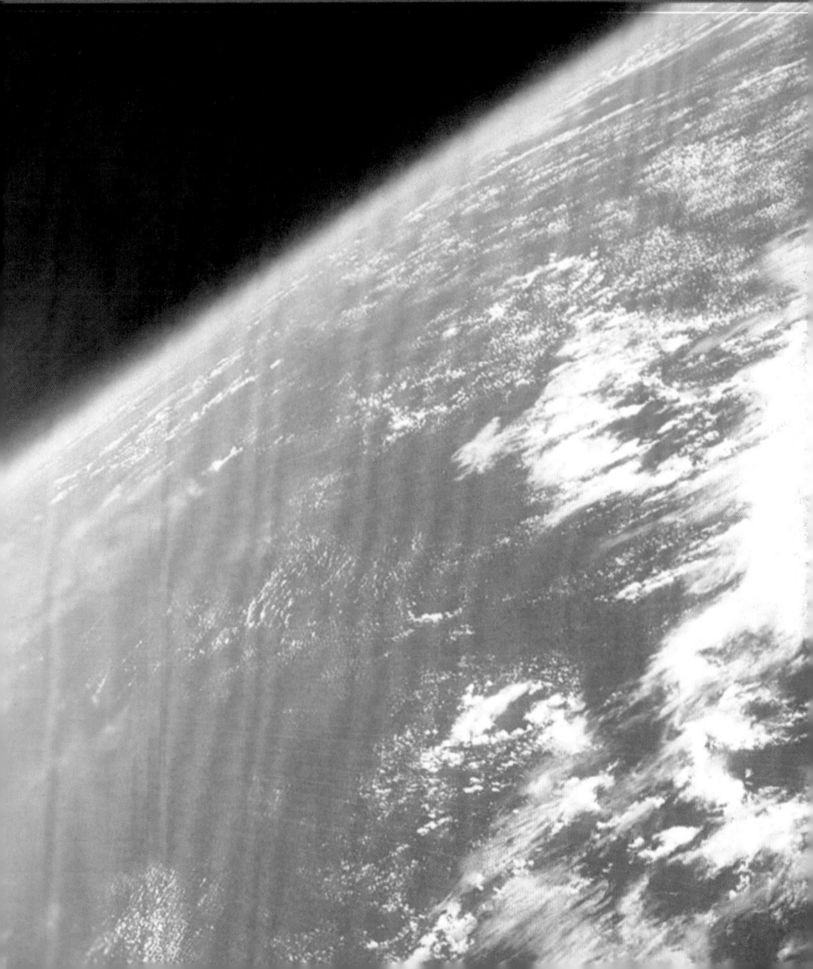

Earth – Die Erde

continents and oceans – die Kontinente und die Meere

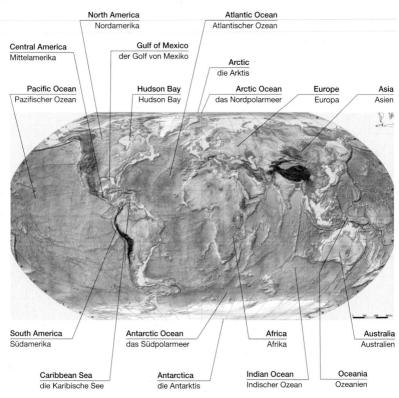

North America
Nordamerika

Atlantic Ocean
Atlantischer Ozean

Central America
Mittelamerika

Gulf of Mexico
der Golf von Mexiko

Arctic
die Arktis

Pacific Ocean
Pazifischer Ozean

Hudson Bay
Hudson Bay

Arctic Ocean
das Nordpolarmeer

Europe
Europa

Asia
Asien

South America
Südamerika

Antarctic Ocean
das Südpolarmeer

Africa
Afrika

Australia
Australien

Caribbean Sea
die Karibische See

Antarctica
die Antarktis

Indian Ocean
Indischer Ozean

Oceania
Ozeanien

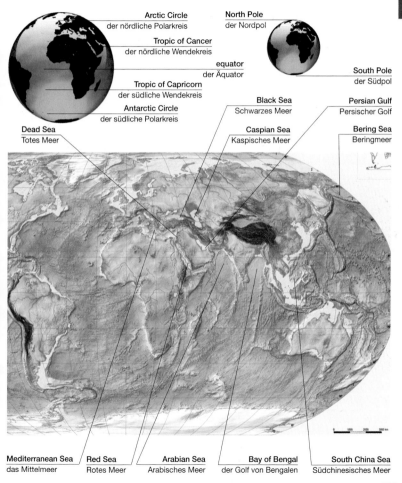

Arctic Circle
der nördliche Polarkreis

North Pole
der Nordpol

Tropic of Cancer
der nördliche Wendekreis

equator
der Äquator

South Pole
der Südpol

Tropic of Capricorn
der südliche Wendekreis

Antarctic Circle
der südliche Polarkreis

Black Sea
Schwarzes Meer

Persian Gulf
Persischer Golf

Dead Sea
Totes Meer

Caspian Sea
Kaspisches Meer

Bering Sea
Beringmeer

Mediterranean Sea
das Mittelmeer

Red Sea
Rotes Meer

Arabian Sea
Arabisches Meer

Bay of Bengal
der Golf von Bengalen

South China Sea
Südchinesisches Meer

rivers and mountain ranges – die Flüsse und die Gebirge

Rocky Mountains
die Rocky Mountains

Atlas Mountains
der Atlas

Mount Kilimanjaro
der Kilimandscharo

Hindu Kush
der Hindukusch

Himalaya
der Himalaja

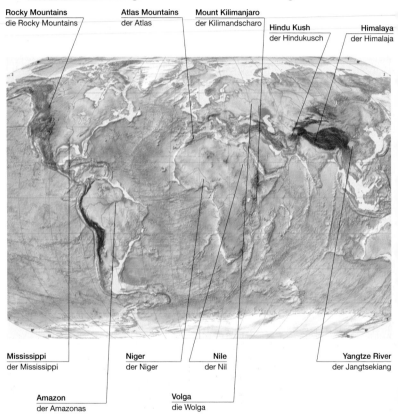

Mississippi
der Mississippi

Niger
der Niger

Nile
der Nil

Yangtze River
der Jangtsekiang

Amazon
der Amazonas

Volga
die Wolga

Various Places – Verschiedene Orte

Great Lakes
die Großen Seen

tropical rain forest
der tropische Regenwald

Strait of Magellan
die Magellanstraße

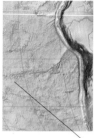

Easter Island
die Osterinsel

Sahara Desert
die Sahara

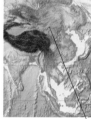

Gobi Desert
die Wüste Gobi

Greenland
Grönland

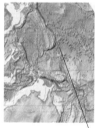

Mariana Trench
der Marianengraben

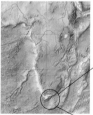

Cape of Good Hope
Das Kap der Guten Hoffnung

compass
der Kompass

north
der Norden

east
der Osten

south
der Süden

west
der Westen

287

Countries of the World – Die Länder der Welt

North America – Nordamerika

Alaska	Canada
Alaska	Kanada

United States of America
die Vereinigten Staaten von Amerika

Central America – Mittelamerika

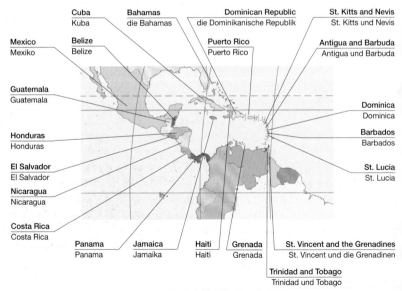

Cuba
Kuba

Bahamas
die Bahamas

Dominican Republic
die Dominikanische Republik

St. Kitts and Nevis
St. Kitts und Nevis

Mexico
Mexiko

Belize
Belize

Puerto Rico
Puerto Rico

Antigua and Barbuda
Antigua und Barbuda

Guatemala
Guatemala

Dominica
Dominica

Honduras
Honduras

Barbados
Barbados

El Salvador
El Salvador

St. Lucia
St. Lucia

Nicaragua
Nicaragua

Costa Rica
Costa Rica

Panama
Panama

Jamaica
Jamaika

Haiti
Haiti

Grenada
Grenada

St. Vincent and the Grenadines
St. Vincent und die Grenadinen

Trinidad and Tobago
Trinidad und Tobago

South America – Südamerika

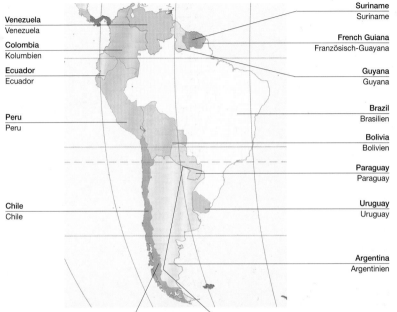

Venezuela
Venezuela

Colombia
Kolumbien

Ecuador
Ecuador

Peru
Peru

Chile
Chile

Suriname
Suriname

French Guiana
Französisch-Guayana

Guyana
Guyana

Brazil
Brasilien

Bolivia
Bolivien

Paraguay
Paraguay

Uruguay
Uruguay

Argentina
Argentinien

Torres del Paine, Patagonia, Chile
Torres del Paine, Patagonien, Chile

Iguazu Falls
die Iguazu-Wasserfälle

289

Africa – Afrika

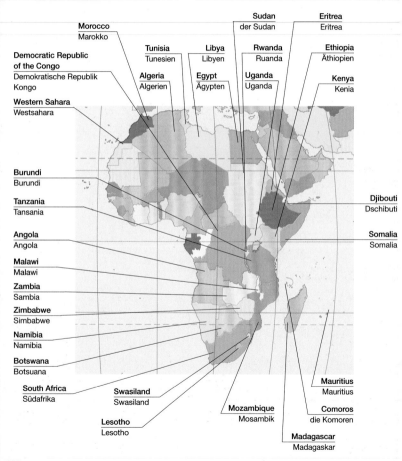

Sudan
der Sudan

Eritrea
Eritrea

Morocco
Marokko

Tunisia
Tunesien

Libya
Libyen

Rwanda
Ruanda

Ethiopia
Äthiopien

**Democratic Republic
of the Congo**
Demokratische Republik
Kongo

Algeria
Algerien

Egypt
Ägypten

Uganda
Uganda

Kenya
Kenia

Western Sahara
Westsahara

Burundi
Burundi

Tanzania
Tansania

Djibouti
Dschibuti

Angola
Angola

Somalia
Somalia

Malawi
Malawi

Zambia
Sambia

Zimbabwe
Simbabwe

Namibia
Namibia

Botswana
Botsuana

South Africa
Südafrika

Swasiland
Swasiland

Mauritius
Mauritius

Lesotho
Lesotho

Mozambique
Mosambik

Comoros
die Komoren

Madagascar
Madagaskar

Africa – Afrika

Benin
Benin

Central African Republic
Zentralafrikanische Republik

Mali
Mali

Togo
Togo

Niger
Niger

Mauritania
Mauretanien

Burkina Faso
Burkina Faso

Ghana
Ghana

Chad
Tschad

Senegal
Senegal

Gambia
Gambia

Cape Verde
Kap Verde

Guinea-Bissau
Guinea-Bissau

Guinea
Guinea

Sierra Leone
Sierra Leone

Liberia
Liberia

Congo
Kongo

Gabon
Gabun

Ivory Coast
Elfenbeinküste

Nigeria
Nigeria

Cameroon
Kamerun

São Tomé and Príncipe
São Tomé und Príncipe

Equatorial Guinea
Äquatorial-Guinea

Cabinda (to Angola)
Kabinda (zu Angola)

a herd of zebras
eine Zebraherde

pyramid and sphinx
die Pyramide und die Sphinx

Asia – Asien

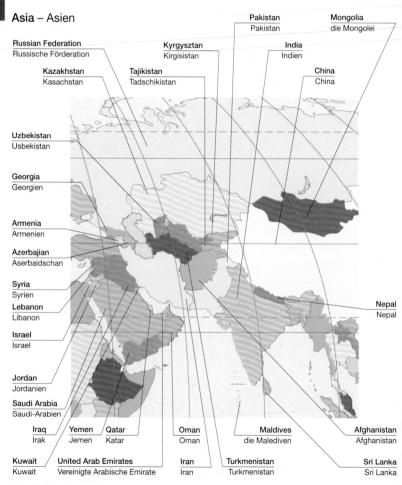

Pakistan
Pakistan

Mongolia
die Mongolei

Russian Federation
Russische Förderation

Kyrgysztan
Kirgisistan

India
Indien

China
China

Kazakhstan
Kasachstan

Tajikistan
Tadschikistan

Uzbekistan
Usbekistan

Georgia
Georgien

Armenia
Armenien

Azerbajian
Aserbaidschan

Syria
Syrien

Lebanon
Libanon

Israel
Israel

Nepal
Nepal

Jordan
Jordanien

Saudi Arabia
Saudi-Arabien

Iraq
Irak

Yemen
Jemen

Qatar
Katar

Oman
Oman

Maldives
die Malediven

Afghanistan
Afghanistan

Kuwait
Kuwait

United Arab Emirates
Vereinigte Arabische Emirate

Iran
Iran

Turkmenistan
Turkmenistan

Sri Lanka
Sri Lanka

Asia – Asien

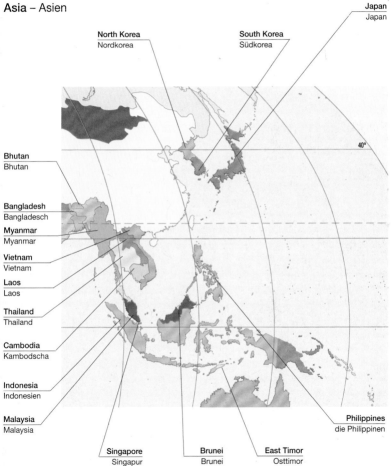

Japan
Japan

North Korea
Nordkorea

South Korea
Südkorea

40°

Bhutan
Bhutan

Bangladesh
Bangladesch

Myanmar
Myanmar

Vietnam
Vietnam

Laos
Laos

Thailand
Thailand

Cambodia
Kambodscha

Indonesia
Indonesien

Malaysia
Malaysia

Philippines
die Philippinen

Singapore
Singapur

Brunei
Brunei

East Timor
Osttimor

Australia, Oceania – Australien, Ozeanien

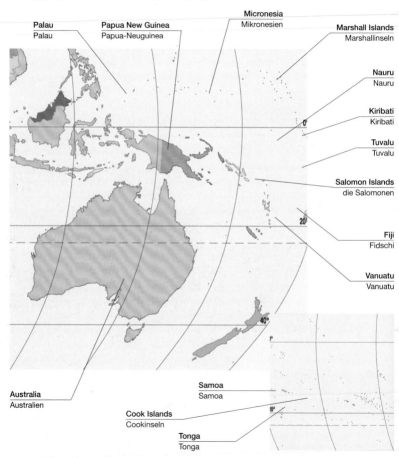

Micronesia
Mikronesien

Palau
Palau

Papua New Guinea
Papua-Neuguinea

Marshall Islands
Marshallinseln

Nauru
Nauru

Kiribati
Kiribati

Tuvalu
Tuvalu

Salomon Islands
die Salomonen

Fiji
Fidschi

Vanuatu
Vanuatu

Australia
Australien

Samoa
Samoa

Cook Islands
Cookinseln

Tonga
Tonga

Europe – Europa

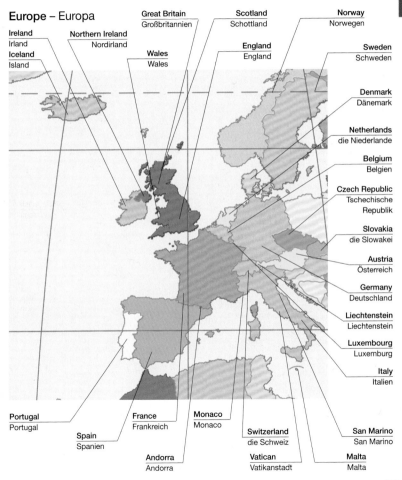

Great Britain
Großbritannien

Scotland
Schottland

Norway
Norwegen

Ireland
Irland

Northern Ireland
Nordirland

England
England

Sweden
Schweden

Iceland
Island

Wales
Wales

Denmark
Dänemark

Netherlands
die Niederlande

Belgium
Belgien

Czech Republic
Tschechische
Republik

Slovakia
die Slowakei

Austria
Österreich

Germany
Deutschland

Liechtenstein
Liechtenstein

Luxembourg
Luxemburg

Italy
Italien

Portugal
Portugal

France
Frankreich

Monaco
Monaco

San Marino
San Marino

Spain
Spanien

Switzerland
die Schweiz

Andorra
Andorra

Vatican
Vatikanstadt

Malta
Malta

Europe – Europa

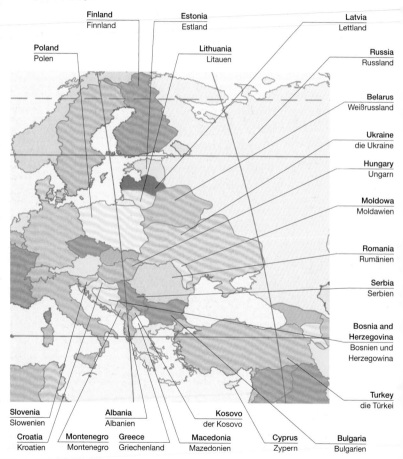

Finland
Finnland

Estonia
Estland

Latvia
Lettland

Poland
Polen

Lithuania
Litauen

Russia
Russland

Belarus
Weißrussland

Ukraine
die Ukraine

Hungary
Ungarn

Moldowa
Moldawien

Romania
Rumänien

Serbia
Serbien

Bosnia and
Herzegovina
Bosnien und
Herzegowina

Turkey
die Türkei

Slovenia
Slowenien

Croatia
Kroatien

Albania
Albanien

Montenegro
Montenegro

Greece
Griechenland

Kosovo
der Kosovo

Macedonia
Mazedonien

Cyprus
Zypern

Bulgaria
Bulgarien

Europe – Europa   rivers, oceans and mountains – die Flüsse, die Meere und die Gebirge

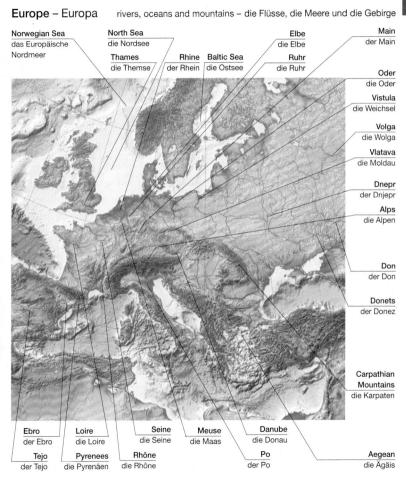

Norwegian Sea
das Europäische
Nordmeer

North Sea
die Nordsee

Thames
die Themse

Rhine
der Rhein

Baltic Sea
die Ostsee

Elbe
die Elbe

Ruhr
die Ruhr

Main
der Main

Oder
die Oder

Vistula
die Weichsel

Volga
die Wolga

Vlatava
die Moldau

Dnepr
der Dnjepr

Alps
die Alpen

Don
der Don

Donets
der Donez

Carpathian
Mountains
die Karpaten

Ebro
der Ebro

Loire
die Loire

Seine
die Seine

Meuse
die Maas

Danube
die Donau

Tejo
der Tejo

Pyrenees
die Pyrenäen

Rhône
die Rhône

Po
der Po

Aegean
die Ägäis

297

Natural Disasters – Die Naturkatastrophen

earthquake
das Erdbeben

volcanic eruption
der Vulkanausbruch

tsunami
der Tsunami

landslide
der Erdrutsch

flood
die Überschwemmung

drought
die Dürre

storm
der Sturm

tornado
der Tornado

hurricane
der Hurrikan

forest fire
der Waldbrand

meteorite impact
der Meteoriteneinschlag

El Niño
El Niño

storm surge
die Sturmflut

Planets – Die Planeten

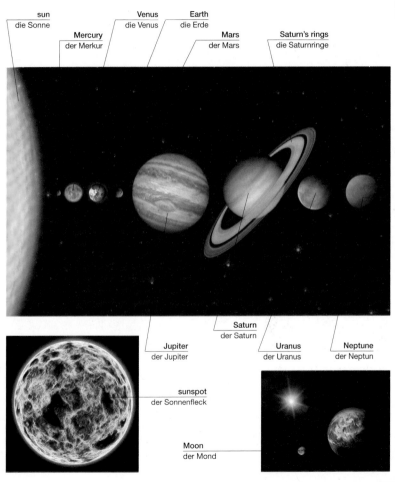

sun
die Sonne

Mercury
der Merkur

Venus
die Venus

Earth
die Erde

Mars
der Mars

Saturn's rings
die Saturnringe

Saturn
der Saturn

Jupiter
der Jupiter

Uranus
der Uranus

Neptune
der Neptun

sunspot
der Sonnenfleck

Moon
der Mond

Further Celestial Phenomena –
Weitere Himmelserscheinungen

North Star
der Polarstern

milky way
die Milchstraße

constellation
das Sternbild

Little Dipper/Ursa Minor
Kleiner Wagen/Kleiner Bär

Big Dipper/Ursa Major
Großer Wagen/Großer Bär

corona
die Korona

Southern Cross
das Kreuz des Südens

Cassiopeia
Kassiopeia

solar eclipse
die Sonnenfinsternis

lunar eclipse
die Mondfinsternis

full moon
der Vollmond

new moon
der Neumond

crescent
der Halbmond

sunrise
der Sonnenaufgang

sunset
der Sonnenuntergang

dusk
die Abenddämmerung

dawn
die Morgendämmerung

atmosphere
die Atmosphäre

falling star
die Sternschnuppe

tail
der Schweif

meteor
der Meteor

meteorite
der Meteorit

polar light
das Polarlicht

comet
der Komet

Astrological Signs – Die Tierkreiszeichen

Aries
der Widder

Taurus
der Stier

Gemini
die Zwillinge

Cancer
der Krebs

Leo
der Löwe

Virgo
die Jungfrau

Libra
die Waage

Scorpio
der Skorpion

Sagittarius
der Schütze

Capricorn
der Steinbock

Aquarius
der Wassermann

Pisces
die Fische

On the Map – Auf der Karte

scale – der Maßstab
altitude – die Höhe
ocean depths – die Meerestiefen
border – die Grenze
political – politisch
physical – physisch

continent – der Kontinent
key – die Legende
cardinal directions – die Himmelsrichtungen
oceans – die Meere
great streams – die großen Flüsse
mountains – die Gebirge

State and Administration – Der Staat und die Verwaltung

republic – Republik
democracy – Demokratie
parliamentary republic –
Parlamentarische Republik
dictatorship – Diktatur
monarchy – Monarchie
constitutional monarchy – Monarchie
duchy – Herzogtum
principality – Fürstentum
county – Grafschaft
People's Republic – Volksrepublik
federal republic – Bundesrepublik
state – der Staat
nation – die Nation
country – das Land

capital – die Hauptstadt
town – die Stadt
metropolis – die Metropole
agglomeration – der Ballungsraum
council – die Kommune
region – die Region
small town – die Kleinstadt
village – das Dorf
province – die Provinz
district – der Bezirk
zone – die Zone
territory – das Territorium
colony – die Kolonie
citizen – der Bürger
population – die Bevölkerung

Politics and Society – Die Politik und die Gesellschaft

economy – die Wirtschaft
crisis – die Krise

war – der Krieg
peace – der Frieden

politician – der Politiker

dictator – der Diktator

chancellor – der Kanzler

president – der Präsident

minister – der Minister

party – die Partei

elections – die Wahlen

franchise – das Wahlrecht

election campaign – der Wahlkampf

election poster – das Wahlplakat

constituent – der Wähler

candidate – der Kandidat

ballot box – die Wahlurne

election forecast – die Wahlprognose

integration – die Integration

immigrant – der Einwanderer

to immigrate – einwandern

emigrant – der Auswanderer

to emigrate – auswandern

parliament – das Parlament

pension – die Rente

tax – die Steuer

law – das Gesetz

to enact a law – ein Gesetz erlassen

constitution – die Verfassung

human rights – die Menschenrechte

data protection – der Datenschutz

citizenship – die Staatsbürgerschaft

Religion – Die Religion
persuasion – die Glaubensrichtung

christianity – das Christentum

christian – der Christ

christian – christlich

protestantism – der Protestantismus

protestant – der Protestant

protestant – protestantisch

catholicism – der Katholizismus

catholic – der Katholik

catholic – katholisch

judaism – das Judentum

jew – der Jude

jewish – jüdisch

Torah – die Thora

kosher – koscher

circumcision – die Beschneidung

Islam – der Islam

muslim – der Moslem

islamic – islamisch

Koran – der Koran

prophet – der Prophet

buddhism – der Buddhismus

buddhist – der Buddhist
buddhist – buddhistisch
hinduism – der Hinduismu

hindu – der Hindu
hindu – hinduistisch
ecumenical – ökumenisch

belief – die Glaubensvorstellung

God – Gott
Jahveh – Jahwe
Allah – Allah
to believe in – glauben an
faith – der Glaube
heaven – der Himmel

hell – die Hölle
angel – der Engel
purgatory – das Fegefeuer
Paradise – das Paradies
Last Judgement – das Jüngste Gericht
Judgement Day – der Jüngste Tag

sect – die Sekte
pagan – heidnisch
offering – die Opfergabe

deity – die Gottheit
nature deity – die Naturgottheit
idol – das Götzenbild

church service – der Gottesdienst

mass – die Messe
parish – die Gemeinde
vicar – der Pfarrer (anglikanisch)
pastor – der Pastor
priest – der Priester
prayer – das Gebet
to pray – beten
prayer – das Gebet
the Lord's Supper – das Abendmahl

collection – die Kollekte
blessing – der Segen
to bless someone/something –
jemanden/etwas segnen
to confess – beichten
communion – die Kommunion
confirmation – die Konfirmation
pope – der Papst

Bible – die Bibel

Holy Scripture – die Heilige Schrift
Old Testament – das Alte Testament
New Testament – das Neue Testament
holy – heilig
divine – göttlich
saint – der Heilige

to saint – heiligsprechen
to beatify – seligsprechen
Holy Ghost – der Heilige Geist
Blessed Virgin – die Heilige Jungfrau
Holy Trinity – die Heilige Dreifaltigkeit

sanctuary – der Kirchenraum

altar – der Altar
pulpit – die Kanzel
pew – die Kirchenbank

confessional – der Beichtstuhl
font – das Taufbecken

monastery – das Kloster

abbot – der Abt
abbess – die Äbtissin
novice – der Novize, die Novizin
mendicant – der Bettelmönch

monastic order – der Mönchsorden
vow – das Gelübde
cloister garden – der Klostergarten

monk
der Mönch

nun
die Nonne

abbey
die Abtei

FURTHER EXPRESSIONS AND IDIOMS –
WEITERE AUSDRÜCKE UND REDEWENDUNGEN

Getting to know each other – Einander kennenlernen

hello – hallo/guten Tag

good morning – guten Morgen

good afternoon – guten Tag

good evening – guten Abend

good night – gute Nacht

goodbye – auf Wiedersehen

bye-bye – tschüss

See you! – Bis bald! Man sieht sich!

Have a nice day. – Einen schönen Tag noch.

welcome – willkommen

welcome back – Schön, dass Sie wieder da sind.

We're glad to have you. – Schön, dass ihr bei uns seid/Sie bei uns sind.

It's lovely to see you. – Es ist wundervoll, dich/euch zu sehen.

What is your name? – Wie heißt du?, Wie heißen Sie?

What is his/her name? – Wie heißt er/sie?

My name is … – Ich heiße …

I'm John Smith. – Ich bin John Smith.

How are you? – Wie geht es dir/Ihnen?

How is he/she? – Wie geht es ihm/ihr?

I am fine, thank you. – Danke, mir geht es gut.

Fine, thanks. – Danke, gut.

Are you alright? – Geht es dir/Ihnen gut?

I'm tired/hungry/thirsty/exhausted/happy. – Ich bin müde/hungrig/durstig/erschöpft/glücklich.

May I introduce ...? – Darf ich ... vorstellen?

I would like you to meet ... – Ich möchte, dass du/Sie ... kennenlernst/kennenlernen.

This is ... – Das ist ...

Pleased to meet you./Nice to meet you. – Schön, dich/Sie kennenzulernen./Freut mich./Angenehm.

How do you do? – Freut mich, Sie kennenzulernen. (als formale Antwort nach dem Vorstellen)

How do you do? – Freut mich ebenfalls. (als formale Antwort auf die Frage „How do you do?")

Where are you from? – Wo kommst du/kommen Sie her?

I am from ... – Ich bin aus ...

We are from ... – Wir sind aus ...

What do you do? – Was machst du/machen Sie beruflich?

I am ... – Ich bin ...

I'm still a student. – Ich studiere noch.

I'm still at school. – Ich gehe noch zur Schule.

I'm out of work. – Ich bin arbeitslos.

Where do you live? – Wo lebst du/leben Sie?

I live in ... – Ich lebe in ...

We live in ... – Wir leben in ...

Small Words – Kleine Wörter

General Words – Allgemeine Wörter

yes – ja

no – nein

maybe – vielleicht

of course – natürlich

please – bitte (wenn man um etwas bittet)

thank you/thanks – danke schön/danke

you are welcome – bitte sehr/bitte schön/bitte (wenn man jemandem etwas gibt)

OK – okay

That's fine. – In Ordnung.

Expressions of Time – Zeitliche Angaben

again – wieder	since – seit
ago – vor	while – während
after (that) – danach	until now – bis jetzt
before – vorher	yet – bis jetzt (bei Verneinungen)
later – später	on – am (bei Zeitangaben)
never – niemals, nie	finally – endlich, schließlich
ever – jemals	still – (immer) noch
all day – den ganzen Tag	
at first – zuerst	
then – dann, damals	
already – schon	
now – jetzt	

Spatial Expressions – Räumliche Angaben

across – (quer) durch/herüber	**where** – wo, woher
around – umher	**to** – nach
along – entlang	**out** – heraus/draußen
back – zurück	**on** – auf
forward – vorwärts	**in** – in
by – hier: vorbei	**up** – auf/hinauf
down – herunter/unten	**under** – unter/hinunter
from – von	**below** – unterhalb
here – hier	**in front of** – vor

in – in, auf, am

He sits in the living room. – Er sitzt im Wohnzimmer.

She read the article in the paper. – Sie las den Artikel in der Zeitung.

I work in Amsterdam. – Ich arbeite in Amsterdam.

I get in the train. – Ich steige in den Zug ein.

The table is in the middle of the room. – Der Tisch ist in der Mitte des Zimmers.

There are nice flowers in the garden. – Es gibt schöne Blumen im Garten.

You arrive in London. – Du kommst in London an.

You can see some horses in the picture. – Du kannst Pferde auf dem Bild sehen.

Life is easier in the country. – Das Leben auf dem Land ist einfacher.

There are noisy people in the street. – Es sind laute Leute auf der Straße.

There are clouds in the sky. – Es sind Wolken am Himmel.

at – an, auf, bei, in, um, zu

My house is at the end of the street. – Mein Haus steht am Ende der Straße.

She studies history at university. – Sie studiert Geschichte an der Universität.

You sit at the table for dinner. – Du sitzt am Tisch zum Abendessen.

We start reading at page 12. – Wir fangen auf Seite 12 mit dem Lesen an.

There's good music at the party. – Es ist gute Musik auf der Party.

The girl is at her grandparents' house. – Das Mädchen ist bei seinen Großeltern.

I don't eat at school. – Ich esse nicht in der Schule.

The train does not stop at Paris. – Der Zug halt nicht in Paris.

We will meet at ten. – Wir treffen uns um zehn.

The clock chimes at midnight. – Die Glocke schlägt um Mitternacht.

They weren't at home. – Sie waren nicht zu Hause.

He's looking at the building. – Er sieht zum Gebäude hin.

She arrives too late at the doctor's. – Sie kommt zu spät zum Arzt.

on – an, auf, im

There are family portraits on the wall. – Es hängen Familienbilder an der Wand.

Hamburg is on the river Elbe. – Hamburg liegt an der Elbe.

The museum is on the right. – Das Museum ist auf der rechten Seite.

There are no cows on the farm. – Es gibt keine Kühe auf dem Bauernhof.

On the way to his mother he lost his keys. – Auf dem Weg zu seiner Mutter verlor er seinen Schlüssel.

On holiday we will relax. – Im Urlaub werden wir entspannen.

Come on! – Auf geht's!

The bathroom is on the first floor. – Das Badezimmer ist im ersten Stock.

The song was on the radio. – Das Lied wurde im Radio gespielt.

Further useful Expressions – Weitere nützliche Ausdrücke

a number of – eine Anzahl/einige	barely – kaum
very – sehr	hardly – kaum
some(thing) – etwas	enough – ausreichend, genug
any(thing) – etwas, nicht, irgendetwas	every – jeder, jede, jedes
about – über/ungefähr	just – gerade
more than – mehr als	quite – ziemlich
less than – weniger als	really – wirklich
almost – fast	never – nie

Pronouns – Die Pronomen

Personal Pronouns – die Personalpronomen

I – ich	we – wir
you – du/Sie	you – ihr/Sie
he/she/it – er/sie/es	they – sie

Possessive Pronouns – die Possessivpronomen

mine – mein	ours – unser
yours – dein/ihr	yours – euer/Ihr
his/hers/its – sein/ihr	theirs – ihr

FURTHER EXPRESSIONS AND IDIOMS –
WEITERE AUSDRÜCKE UND REDEWENDUNGEN

Relative Pronouns – die Relativpronomen

who – der/die/das (bei Personen)

which – der/die/das (bei Sachen und Tieren)

whose – dessen/deren (bei Personen, Sachen und Tieren)

that – der/die/das (anstelle von who/which)

Interrogative Pronouns – die Fragepronomen

who – wer

whom – wen/wem

whose – wessen

what – was (bei Gegenständen)

when – wann

which – wer/was (bei Personen und Gegenständen)

where – wo, wohin

why – warum, wieso

how – wie

Offering One's Opinion – Seine Meinung kundtun

Opinion – die Meinung

I think/feel/believe that ... – Ich denke/meine/glaube, dass ...

I would say that ... – Ich würde sagen, dass ...

If you ask me, ... – Wenn du mich fragst, .../Wenn Sie mich fragen, ...

In my opinion, ... – Meiner Meinung nach ...

I agree with ... – Ich finde es gut ...

I may be wrong, but ... – Vielleicht liege ich falsch, aber ...

Don't you think that … – Denkst du/Denken Sie nicht, dass …

Wouldn't you agree that … – Bist du/Sind Sie nicht auch der Meinung, dass …

to agree – einverstanden sein

I (fully) agree. – Ich stimme (völlig) zu.

That's exactly what I thought. – Genauso habe ich es mir auch gedacht.

You're (absolutely) right. – Du hast/Sie haben (absolut) recht.

Certainly. – Sicherlich.

I would be delighted to. – Es würde mich freuen.

That would be nice. – Das wäre schön.

It would be my pleasure. – Das wäre mir eine Freude.

If I must. – Wenn ich keine andere Wahl habe.

Whatever. – Wie du willst/Sie wollen.

to hesitate – zögern

Do you really think that? – Denkst du/Denken Sie das wirklich?

Are you sure? – Bist du/Sind Sie sicher?

I have some reservations. – Ich habe einige Vorbehalte.

I'm not completely convinced. – Ich bin nicht ganz überzeugt.

I'm afraid I cannot agree with you/agree to this. – Ich fürchte, ich kann dir/Ihnen/dem nicht zustimmen.

To be honest with you, I cannot … – Ehrlich gesagt, kann ich nicht …

I can't share your opinion. – Ich kann mich deiner/Ihrer Meinung nicht anschließen.

That's not the way I see it. – Ich sehe das anders.

315

to disagree – nicht einverstanden sein

> **I (strongly) disagree.** – Ich bin (völlig) anderer Meinung.
>
> **I would really prefer (not) to do that.** – Ich würde das lieber (nicht) tun.
>
> **Under no circumstances am I willing to do that.** – Unter keinen Umständen bin ich bereit, das zu tun.
>
> **I refuse to accept that.** – Ich lehne es ab.
>
> **You can't be serious.** – Das meinst du/meinen Sie nicht ernst.
>
> **You can't expect me to agree to that.** – Das kannst du/können Sie nicht von mir erwarten.
>
> **Over my dead body.** – Nur über meine Leiche.

To make a Telephone Call – Telefonieren

> **to make a telephone call** – telefonieren
>
> **be on the phone** – gerade telefonieren
>
> **to talk to someone on the phone** – mit jemandem telefonieren
>
> **to dial** – wählen
>
> **answering machine** – der Anrufbeantworter
>
> **the line is engaged** – der Anschluss ist besetzt
>
> **wrong number** – falsch verbunden
>
> **hold the line** – bleiben Sie am Apparat
>
> **the line is bad** – die Verbindung ist schlecht
>
> **to call back** – zurückrufen
>
> **to leave a message** – eine Nachricht hinterlassen
>
> **to take a message** – eine Nachricht notieren
>
> **to put someone through** – jemanden durchstellen
>
> **to request a telephone call** – um einen Anruf/Rückruf bitten

Shopping – Beim Einkaufen

May I help you? – Kann ich Ihnen helfen?

I am looking for a winter coat. – Ich suche einen Wintermantel.

I am looking for a blouse matching this skirt. – Ich suche nach einer Bluse, die zu diesem Rock passt.

What size do you wear? – Welche Größe haben Sie?

I wear an European size 38. – Ich trage Größe 38.

Do you have these trousers in a different colour/size? –
Haben Sie diese Hose in einer anderen Farbe/Größe?

Where can I try this on? – Wo kann ich das anprobieren?

The fitting room is over there. – Die Umkleidekabinen sind dort drüben.

You must break in the shoe. – Sie müssen den Schuh einlaufen.

This dress doesn't fit. – Dieses Kleid passt nicht.

It is too small/big/narrow/wide/short/long. – Es ist zu klein/groß/eng/weit/kurz/lang.

The sleeves are too long. – Die Ärmel sind zu lang.

The legs are too short. – Die Hosenbeine sind zu kurz.

Do you think this coat suits me? – Finden Sie, der Mantel steht mir?

I think it suits you very well. – Ich finde, er steht Ihnen sehr gut.

It matches your eyes. – Er passt zu Ihren Augen.

I'm afraid it doesn't suit you. – Leider steht er Ihnen nicht.

This colour doesn't suit you. – Die Farbe steht Ihnen nicht.

I don't like this type of collar/the colour. – Ich mag diese Art von Kragen/diese Farbe nicht.

What kind of material is this jacket made of? – Aus welchem Material ist die Jacke hergestellt?

Can I wash this skirt myself or must it be dry-cleaned? –
Kann ich diesen Rock selbst waschen, oder muss er in die Reinigung?

Can you shorten these trousers? – Können Sie die Hose kürzen?

Will I be able to exchange the sweater? – Kann ich den Pullover umtauschen?

Yes, you will. – Ja, können Sie.

No, that's on sale. All sales are final. –
Nein, er ist reduziert. Reduzierte Ware ist vom Umtausch ausgeschlossen.

That's 60 pounds. – Das macht 60 Pfund.

Will you be paying by cash or charge? – Zahlen Sie bar oder mit Karte?

Do you accept credit cards? – Kann ich mit Kreditkarte zahlen?

Could I get a receipt, please? – Kann ich die Quittung bitte haben?

Do you need a bag? – Brauchen Sie eine Tasche/Plastiktüte?

Asking Directions – Nach dem Weg fragen

Questions – die Fragen

Excuse me, could you tell me how to get to the museum? –
Entschuldigen Sie bitte, können Sie mir sagen, wie ich zum Museum komme?

Excuse me, do you know where the harbour is? –
Entschuldigen Sie bitte, wissen Sie, wo der Hafen ist?

How do I get to the main street? – Wie komme ich zur Hauptstraße?

I'm looking for the tourist information. – Ich suche die Touristeninformation.

How far is it to the airport? – Wie weit ist es bis zum Flughafen?

Answers – die Antworten

I'm sorry, I don't know. – Tut mir leid, das weiß ich nicht.

I'm sorry, I'm not from around here. – Tut mir leid, ich bin nicht von hier.

It's just around the corner. – Es ist gleich um die Ecke.

It's right over there. – Es ist gleich da drüben.

It's about 100 metres. – Es sind circa 100 Meter.

Go along this street. – Gehen Sie diese Straße entlang.

Turn right/left. – Biegen Sie rechts/links ab.

Go straight ahead until the intersection. – Gehen Sie geradeaus bis zur Kreuzung.

Cross the street and continue straight ahead. –
Überqueren Sie die Straße und gehen Sie weiter geradeaus.

When you see the hospital on the left side keep going another hundred metres. The tourist information will be on your right. – Wenn Sie das Krankenhaus auf der linken Seite sehen, gehen Sie noch hundert Meter weiter. Die Touristeninformation ist dann auf der rechten Seite.

Idiomatic Expressions – Idiomatische Ausdrücke

to keep one's fingers crossed – die Daumen drücken

to pull one's leg – jemanden zum Narren halten

to beat about the bush – um den heißen Brei reden

to call it a day – das Ganze beenden

to come to grips with – mit etwas zurechtkommen

to keep in touch – in Verbindung bleiben

to know the ropes – sich auskennen

to let your hair down – sich entspannen

to tie the knot – heiraten

to start from scratch – von vorn beginnen

to make a mountain out of a molehill – aus einer Mücke einen Elefanten machen

That's not my cup of tea. – Das ist nichts für mich.

It's raining cats and dogs. – Es regnet in Strömen.

Long time no see. – Lange nicht gesehen.

I don't give a fig. – Es ist mir total egal.

It's on the tip of my tongue. – Es liegt mir auf der Zunge.

ants in your pants – Hummeln im Hintern

the icing on the cake – das Sahnehäubchen

in a nutshell – zusammengefasst

out of the blue – ganz plötzlich

over the moon – selig

pain in the neck – die Nervensäge

half-baked – unausgegoren

tongue-in-cheek – nicht ernst gemeint

white lie – die Notlüge

significant other – die bessere Hälfte

vicious circle – der Teufelskreis

Proverbs – Die Sprichwörter

to kill two birds with one stone – zwei Fliegen mit einer Klappe schlagen

The early bird catches the worm. – Morgenstund hat Gold im Mund.

Easy come, easy go. – Wie gewonnen, so zerronnen.

No use crying over spilt milk. – Hin ist hin.

Practice makes perfect. – Übung macht den Meister.

Time will tell. – Kommt Zeit, kommt Rat.

Like father, like son. – Wie der Vater, so der Sohn.

Love is blind. – Liebe macht blind.

Where there's a will, there's a way. – Wo ein Wille ist, ist auch ein Weg.

Birds of a feather flock together – Gleich und gleich gesellt sich gern!

to make hay while the sun shines – das Eisen schmieden, solange es heiß ist

False Friends – Falsche Freunde

become ≠ bekommen	**to become** – werden	**to get** – bekommen
sensible ≠ sensibel	**sensible** – vernünftig	**sensitive** – sensibel
sympathetic ≠ sympathisch	**sympathetic** – verständnisvoll	**nice** – sympathisch
gift ≠ Gift	**gift** – das Geschenk	**poison** – das Gift
guilty ≠ gültig	**guilty** – schuldig	**valid** – gültig
to announce ≠ annoncieren	**to announce** – ankündigen	**to advertise** – annoncieren
familiar ≠ familiär	**familiar** – bekannt, vertraut	**informal, family-run** – familiär, familiengeführt
jealousy ≠ Jalousie	**jealousy** – die Eifersucht	**blinds** – Jalousie
closet ≠ Klosett	**closet** – der Wandschrank	**toilet** – das Klosett, das Klo
lust ≠ Lust	**lust** – die sexuelle Begierde	**to be in the mood for something** – Lust (auf etwas) haben
prospect ≠ Prospekt	**prospect** – die Aussicht	**brochure, leaflet** – der Prospekt
backside ≠ Rückseite	**backside** – der Hintern	**the rear of the house** – die Rückseite
bone ≠ Bohne	**bone** – der Knochen	**bean** – die Bohne

FURTHER EXPRESSIONS AND IDIOMS –
WEITERE AUSDRÜCKE UND REDEWENDUNGEN

strand ≠ Strand	**strand** – das Ufer, nicht zwangsläufig mit Sand	**beach** – der Strand
herb ≠ herb	**herb** – das Kraut, das Heilkraut	**tangy, sharp** – herb
liquor ≠ Likör	**liquor** – die Spirituosen; die Flüssigkeit	**liqueur** – der Likör
menu ≠ Menü	**menu** – die Speisekarte	**set menu** – das Menü
critic ≠ Kritik **review** / die Rezension, die Besprechung	**critic** – der Kritiker	**criticism** – die Kritik
to blame oneself ≠ sich blamieren	**to blame (oneself/someone)** – (sich selbst/jemandem) die Schuld geben	**to make a fool of oneself** – to disgrace oneself / sich blamieren
concurrence ≠ Konkurrenz	**concurrence** – die Zustimmung, die Übereinstimmung, das Zusammentreffen von Ereignissen	**rivalry, competition** – die Konkurrenz
pathetic ≠ pathetisch	**pathetic** – jämmerlich, Mitleid erweckend	**emotional; dramatic** – pathetisch
scrupulous ≠ skrupellos	**scrupulous** – genau, gewissenhaft	**unscrupulous** – skrupellos
actual ≠ aktuell	**actual** – wirklich, tatsächlich	**topical, current** – aktuell
all day ≠ alle Tage	**all day** – den ganzen Tag	**every day** – alle Tage
apart ≠ apart	**apart** – auseinander, einzeln	**fancy** – apart
art ≠ Art	**art** – die Kunst	**way, sort, kind** – die Art
bald ≠ bald	**bald** – kahl	**soon** – bald
brand ≠ Brand	**brand** – die Marke	**fire** – der Brand
brave ≠ brav	**brave** – mutig	**good, well-behaved** – brav
delicate ≠ delikat	**delicate** – empfindlich	**delicious** – delikat
decent ≠ dezent	**decent** – anständig	**discreet** – dezent

322

eventually ≠ eventuell	eventually – schließlich	possible – eventuell
famous ≠ famos	famous – berühmt	splendid – famos
fast ≠ fast	fast – schnell	almost – fast
figure ≠ Figur	figure – die Ziffer	shape – die Figur
influence ≠ Influenza, Grippe	flu – die Influenza, die Grippe	influence – der Einfluss
curious ≠ kurios	curious – neugierig	strange – kurios
lack ≠ Lack	lack – der Mangel	gloss paint – der Lack
lyricism ≠ Lyrik	lyrics – der Liedtext	lyric poetry – die Lyrik
massive ≠ massiv	massive – riesig	solid – massiv
meaning ≠ Meinung	meaning – die Bedeutung	opinion – die Meinung
to mince ≠ Minze	to mince – etwas hacken	mint – die Minze
murder ≠ Mörder	murder – der Mord	murderer – der Mörder
to must not ≠ nicht müssen	to must not – etwas nicht dürfen	not to have – nicht müssen
novel ≠ Novelle	novel – der Roman	novella – die Novelle
pregnant ≠ prägnant	pregnant – schwanger	concise – prägnant
prove ≠ prüfen	to prove – beweisen	to check – prüfen
serious ≠ seriös	serious – ernst	respectable – seriös
sin ≠ Sinn	sin – die Sünde	sense – der Sinn
to overhear ≠ überhören	to overhear – etwas zufällig mitbekommen	to miss – überhören
to wander ≠ wandern	to wander – ziellos umherstreifen	to walk, to hike – wandern
I will ≠ ich will	I will – ich werde	I want (I would like) – ich will
to wink ≠ winken	to wink – zwinkern	to wave – winken

GERMAN INDEX – DEUTSCHES STICHWORTVERZEICHNIS

GERMAN INDEX – DEUTSCHES STICHWORTVERZEICHNIS

GLOSSARY ENGLISH

ENGLISH INDEX – ENGLISCHES STICHWORTVERZEICHNIS

Benutzerhinweis:
Die Urheber sind pro Seite in der Reihenfolge der Bilder von oben links nach unten rechts benannt. Ziffern in Klammern hinter den Urhebern bezeichnen die Anzahl direkt aufeinander folgender Bilder ein und desselben Urhebers.
Der Großteil der Bilder stammt von www.fotolia.com, deren Urheber einzeln aufgeführt werden. Darüber hinaus stammen die Bilder von Rechtegebern, die im Bildnachweis abgekürzt wie folgt genannt sind:

agil – Archiv agilmedien
Gotzen – by Derek Gotzen
MEV – MEV Augsburg
NGV – Archiv Naumann & Göbel Verlag
pixelio.de – www.pixelio.de
Salanowski – by Beata Salanowski
TLC – TLC Fotostudio
Alle übrigen Bilder: © www.fotolia.com

1: darren whittingham; **3:** darren whittingham; **10/11:** 3d-Master; **12:** NGV (2); **13:** NGV (2); **14:** NGV (5); **15:** NGV (5); **16:** NGV (7); **17:** NGV (4); **18:** olly; **19:** Amir Kaljikovic; Alex; Valua Vitaly; shoot4u; Daniel Heid; Robert Kneschke; Klaus-Peter Adler; Robert Cocquyt; Bernd_Leitner; Valua Vitaly; **20:** Gleb Semenjuk; Tasosk; Tasosk; James Steidl; Kurhan; JackF; Sandro Götze; Uwe Bumann; ISO K° - photography; drubig-photo; dd; emeraldphoto; Murat Subatli; Joy Prescot; unpict; Robert Gortana; L.S.; Sandro Götze; **21:** Hannes Eichinger; Sandra Brunsch; kfleen; Thomas Perkins; Benjamin Thorn; Philip Date; Michael Kempf; Gina Sanders; Ljupco Smokovski; Anja Greiner Adam; dundanim; Reicher; Liette Parent; Yuri Arcurs; Hannes Eichinger; Tomasz Trojanowski; Barbara Schniebel; Christian Kieffer; **22:** johann35; Michael Kempf; Nerlich Images; sizta; Hannes Eichinger; Julia Lami; helix; Yuri Arcurs; Franz Pfluegl; tbel; Franz Pfluegl; Dmitry Nikolaev; **23:** Dave; Sven Hoffmann; Lev Dolgatsjov; tbel; T.Tulic; **24:** MEV; Papirazzi; godfer; luna; **25:** Monkey Business (2); Erika Walsh; **26:** Koboldknopf81; Maksim Shmeljov; Kzenon; Tomy; Kzenon (2); nikkytok; Bertold Werkmann; Patrizia Tilly; wibaimages; Bertold Werkmann; Tottigraf; Monkey Business; Ramona Heim; Kitty; **27:** Heinz Waldukat; Michael Nivelet; Sandra Brunsch; Olga Lyubkin; drubig-photo; DeVIce; emmi; Vladimir Melnik; agil; stock4you; falkjohann; itsxtian; **28:** Elenathewise; Tomo Jesenicnik; Dmytro Konstantynov; Wendyday; sumnersgraphicsinc; FX Berlin; Smileus; Olga Ekaterincheva; EastWest Imaging; Andrey Armyagov; **29:** Andrey Armyagov; Dario Sabljak; Ivan Gulei; Dario Sabljak; Andrey Armyagov; Elnur; Kaarsten; BoL; detailblick; **30:** babimu; BoL; Renata Osinska; Kramografie; SyB; Unclesam; Cheryl Casey; max blain; VRD; angelo.gi; Christine Lamour; Andrey Armyagov; **31:** den sorokin; Torbz; Albert Drybrae; Maciej Mamro; kameel; M S; Joss; Dron; Victoria Short; Birgit Reitz-Hofmann; chickenstock; Vasina Nazarenko; Thaut Images; aks design; buFka; Ruff; Alex; raven; **32:** Andreja Donko; scol22; Vasina Nazarenko; scol22; Claudia Paulussen; sizta; Anja Greiner; Ramona Heim; Jaroslaw Grudzinski; Cheryl Davis; theres; Pamela Uyttendaele; **33:** Lea; michels; agil; Anja Greiner Adam; reinobjektiv; Vtls; Stefan Balk; Ewa Brozek; drubig-photo; nito; M S; agil; MP2; kogge; rgbdigital.co.uk; Mihai Simonia; **34:** Vasina Nazarenko; drubig-photo; Andy-pix; Vasina Nazarenko (2); jura; Sergejs Nescereckis; Vasina Nazarenko; SyB; Werner Heiber; PeJo; rebecca abell; M S; raymac; Andreas Meyer; Franck Boston; **35:** Vasina Nazarenko; Jaimie Duplass; Vasina Nazarenko; lenkusa; Andrey Armyagov; Corrie; Andrey Armyagov; Peter Franzmann; Igor Kaliuzhnyi; Irena Lavrenteva; Barbara Pheby; OMKAR A.V; cheremnov; Andrey Armyagov; blueee; Thomas Hohler; **36/37:** Otmar Smit; **38:** Daniel Bujack; arieliona; Photo_Ma; Klaus Eppele; Tyler Olson; Dark Vectorangel; Licht & Gestalt; ChriSes; Stéphane Bidouze; epantha; Leonid Smirnov; Scott Leman; **39:** ArTo; Stauke; Benjamin Thorn ; Surrender; Dan Race; somenski; fpdress; **40:** liveostockimages; Rodja; Mariano Ruiz; Barbara Pheby; william87; Cristiano Pugno; Dron; PA; **41:** Nicole Effinger; Christian Schwier; Udo Kroener; Valua Vitaly; Herby; Joanna Zielinska; schaltwerk; Robert Kneschke; Piotr Marcinski; fred goldstein; Robert Kneschke; Benny Weber; photobg; SAWImedia S.Willnow; diego cervo; drubig-photo; Monkey Business; **42:** imageit; Alexander Raths; Jose Manuel Gelpi; redav; Lisa Eastman; PA; Gina Sanders; aceshot; ISO K° - photography (2); Gina Sanders (2); ISO K° - photography; KaYann; **43:** Torsten Märtke; Marén Wischnewski; Sport Moments; Steven Pepple; Sven Bähren; Paul Laroque; Joseph Dudash; Dream-Emotion; Gina Sanders; J. Kirchmaier-Gilg; **44:** Dan Race; aceshot; Dan Race; **45:** Danel; Dušan Zidar; Adam Gregor; Ramona Heim; pix4U; Lisa Eastman; **46:** Dream-Emotion; Andrzej Tokarski ; foto.fritz; Liv Friis-larsen; Walter Luger; KSR; GordonGrand; **47:** Alexander Raths; peppi18; Thomas Teufel; Birgit Reitz-Hofmann; Bernd Jürgens; contrastwerkstatt; Gina Sanders; Bernard GIRARDIN; Benjamin Thorn; Paul Hill; **48:** Stephen Finn; Pixelwolf2; James Steidl; BildPix.de; Monkey Business; Stephan Morrosch; Ramona Heim; **49:** Gina Sanders; Günter Menzl; Kica Henk; Gina Sanders; Vladislav Gajic; Monkey Business; Kurhan; nyul; Andrzej Solnica; GordonGrand; **50:** Gago; overthehill; contrastwerkstatt; SIGNTIME; AlienCat; Ramona Heim ; negrobike; Werner Stapelfeldt; Carlos Caetano; Barbara Pheby; Saskia Massink; **51:** karl-heinz wülfcken; Max Tactic; Brigitte Bohnhorst; Leah-Anne Thompson; drubig-photo; vision images; Bernd Ullmann; Kzenon; drubig-photo; Nikola Hristovski; Paylessimages; Digitalpress; **52/53:** pe-foto; **54:** Monkey Business; Diana Kosaric; somenski; Michael Kempf; BildPix.de; Sandra; Kirsty Pargeter; jeremias münch; xin wang; ise17; Julia Britvich; diego cervo; voizin; **55:** Henlisatho; Ilka Burckhardt; chestra; awfoto; Eduard Shelesnjak; kameramann; Rulan; by-studio; Joachim Wendler; MP2; **56:** Tomasz Trojanowski; Marcel Mooij; Jaimie Duplass; Nerlich Images; Wojciech Gajda; Klaus-Peter Adler; **57:** Warren Rosenberg; Paulus Rusyanto; voizin; Matthias Ropel; Fotografiesbg; Michael Chamberlin; Kaarsten; Ignatius Wooster; Gina Sanders; GaToR-GFX; Jenson; foto.fritz; Georg Tschannett; Falko Matte; pressmaster; **58:** Bernd Geller; Alexey Klementiev; Gina Sanders; Ralf Hahn; auremar; **59:** Kzenon; Bernd_Leitner; Gina Sanders; **60:** jerome DELAHAYE; krizz7; PDU; .shock; Gina Sanders; Liv Friis-larsen; Monkey Business; Ronald Hudson; photobunny; Ilan Amith; **61:** Klaus-Peter Adler; Monkey Business; Jean-Pierre; Marco Scisetti; Sealb; zigrit; kliff & klaus; Monkey Business; Jaimie Duplass; **62:** Andrea Seemann; Gudmund; Heiko Butz; iofoto; Thomas Nattermann; photoCD; diego cervo; Monika Wisniewska; Yuri Arcurs; **63:** Leah-Anne Thompson; Robert Kneschke; Dream-Emotion; endostock; ArtmannWitte; Friday; karl-heinz wülfcken; Amir Kaljikovic; Konstantin Yuganov; Gina Sanders; pmphoto; **64:** iceteastock; Spectral-Design; Lennartz; pixelfabrik; jayrb; Angus; Tyler Olson; Pixelwolf; Gordon Bussiek; quayside; Reiner Wellmann; Stephen VanHorn; Michael Flippo; **65:** Alexander Hoffmann; eiland; Birgit Reitz-Hofmann; Sébastien Eich; Emin Ozkan; Brandon Seidel; Pic.sell; Marco Rullkötter; fotobeu; Carmen Steiner; reka100; Feng Yu; Matthew Cole; womue; **66:** Okea; joel dietle; Tryfonov; Mikko Pitkänen; Xuejun li; Tatyana Lykova; Falk; Mark Ross; fefufoto; Rene Schönfelder; LOTUSCreative; Krzysiek z Poczty; ZTS; luchshen; sonne Fleckl; aldorado; **67:** Max E.; Dirk Schumann; Sean Gladwell; Ieremy (3); Dark Vectorangel; Ernst Hermann; Pixel ; Sebastian Kaulitzki; spaxiax ; isyste; DeVIce; THesIMPLIFY; mipan; **68:** Günter Menzl; Franz Pfluegl; RRF; Franz Pfluegl; Yuri Arcurs; Bryce Newell; Tino Neitz; Deklofenak; diego cervo; **69:** multimartinator ; microimages; Andreas P.; **70/71:** Cary Westfall; **72:** Cary Westfall; Allisija; Kalle Kolodziej; Valeri Vlassov; frankoppermann; **73:** Diana Kosaric; rraheb; ulucceylani; Eifelboy; pearlguy; Fırat; Andre Bonn; robynmac; xmasbaby; **74:** chestra; Kirsty Pargeter; Sean Gladwell; Francisco Romero; Visionär; Alekss; Dark Vectorangel; anna karwowska; **75:** Sascha Burkard; rgbdigital.co.uk; Vtls; Angelika Smile; Restyler; agil; rjack; Birgit Reitz-Hofmann; fefufoto; Marcus Kästner; Mark Aplet; frankoppermann; **76:** Lennartz; Wißmann Design; gemenacom; Marjanneke de Jong; Gotzen; UMA; Ozgur Aydin; maunzel; Ionescu Bogdan; agil; ayros Studio; UMA; JerushA; Springfield Gallery; Birgit Reitz-Hofmann; sonne Fleckl; Andreas Gradin; by-studio; **77:** UMA; heysues23; Aleksandr Ugorenkov; sdmix; homydesign; Sharpshot; KK_Photo; fefufoto; Ramona Heim; Silke Lorenz; MAXIME; scol22; Kaarsten; Paddington; Goos_Lar; VolkOFF-ZS-BP; Vidady; fefufoto; AllesGute; **78:** SyuuuuN; Birgit Reitz-Hofmann; anna k.; Reflekcija; babimu; portia; Skogas; djembejambo; PHOTON; Springfield Gallery; Birgit Reitz-Hofmann; lantapix; Michael Röhrich; Shirley Hirst; blue eye; **79:** Michael Flippo; Nils Bergmann; **80:** Sharon Meyer; rimglow; angelo.gi; kai-creativ; Stocksnapper; Greg; ZTS; Tyler Olson; Ruth Black; Teamarbeit; Willy06; photo-dave; Cpro; Taffi; Neris; **81:** Otto Durst; womue; sarit saliman; Philippe Desoche; rimglow; DWP; **82:** Monkey Business; Stockcity; **83:** Rodenberg; masterrobert; Lim Jerry; objectsforall; andreas reimann; Christophe Fouquin; yong hong; WoGi; Tomasz Piechel; **84:** agil; endrille; Gotzen; Stefano Ballabio; rotoGraphics; **85:** buFka; Nicole Effinger; AlexQ; Tatyana Gladskih; agil; **86:** ERWINO Photodesign; Michael Flippo; YAROSLAV ANTROPOV; J. Kirchmaier-Gilg; S.White; insa krey; PA; Danomyte; Eric Isselée; Frank Schöttke; sizta; Sebastian Faltenbach; claudia Otte; Nerlich Images; auris; Esther van der Wal; charles taylor; photlook; Hansderzweite; **87:** Wollwerth Imagery; dazarter; **88:** benamalice; Anne Katrin Figge; Birgit Reitz-Hofmann; ZTS; Rockstreber; Patrick J.; Neobrain; Poles; Christian Delbert; cs333; Lennartz; blondina93; Victoria Kalinina; Matthew Cole; Daniel Burch; by-studio; **89:** Andrzej Tokarski; jacky; Fotograv A. Gravante; VRD; Stefano Maccari; Susann Weiss; Brigitte Bonaposta; cs333; albenka; HLPhoto; Alvin Teo; starush; amlet; Alison Bowden; deniz35; deniz35; Nikita Zabellevich; Africa Studio; EnmaAi; **90:** cva; Maxim Loskutnikov; xmasbaby; Graça Victoria; HLPhoto; lantapix; Stocksnapper; Rafa Irusta; Pavel Losevsky; Milkos; christianlauer; **91:** jazavac; katalinks; Udo Kroener; Aleksandr Volkov; Sergey Komarov; blende40; Martin Green; rrrob; buFka; **92:** Martin Winzer; by-studio; by-studio; Bernd_Leitner; **93:** Anatoliy Zavodskov; Paylessimages; Danielle Bonardelle; Ruediger Rau; Dan Race; vsurkov; karam miri; vnlit; schenkArt; **94:** tiero; Iban Achutegui Tello; Birgit Reitz-Hofmann; fefufoto; iOpeners; dja65; milosluz; **95:** Daniel Burch; bpstocks; Andrzej Tokarski; Ionescu Bogdan; Frank-Peter Funke; fefufoto; Andrzej Tokarski (2); Torbz; Oleksandr Dorokhov; Silkstock; Birgit Reitz-Hofmann; JackF; Katja Wickert; Alexander Sayganov; Birgit Reitz-Hofmann; photoGrapHie; Fotogrund; pdesign; **96:** GordonGrand; Nico Zeißig; djembejambo; Goos_Lar; UMA; Robert Neumann; TrudiDesign; Feng Yu; daseaford; **97:** Uschi Hering; LianeM; Henlisatho; harryimweb; Luminis; Veniamin Kraskov; 3drenderings; Horticulture; WoGi; objectsforall; TheFinalMiracle; BJ Productions; **98:** fuxart; junebreeze; reynald lassire; 1abilder; M.H; Uwe Wittbrock; MichMac; travelguide; Joshua; ataly; flook; tina7si; Kalle Kolodziej; **99:** Frank-Peter Funke; Cornelia Pithart; agil; Annie1one; Steffen Filtzer; Tomas Skopal; **100/101:** mankale; **102:** agil (14); **103:** agil; agil (12); MEV; agil; Tim Friedrich; **104:** agil (2); Caz; beatuerk; tobiasott; Gerhard Führing; Andrea Danti; agil; Ewa Walicka; picprofi; Sunnydays; Freesurf; **105:** Farina3000; Reinhold Föger; mik ivan; haitaucher39; theogott; petrol; Svitlana Mykhalevych; agil; Glenn McGloughlin; **106:** insa krey; StudioPortoSabbia; Juan Jose Gutierrez; juanjo tugores; Orlando Florin Rosu; ErickN; eyezoom1000; agil; sheep dog; James Steidl; Marina Lohrbach; Paylessimages; moodboard3; Aleksandr Stennikov; Jumpingsack; **107:** Stephen Coburn; Eduard Dortmann; Akio Koizumi; Miqul; Ramona Heim; xmasbaby; **108:** Wendy Kaveney; Falko Matte; felinda; Thomas Reimer; Jeanette Dietl; Ramona Heim; Klaus-Peter Adler; Kzenon; Michael Kempf; **109:** Wolfgang Knichel; agil; Christophe Fouquin; agil (2); fotos4people; Dan Race; Yuri Arcurs; MEV; **110:** drx; agil; Klaus-Peter Adler; Ramona Heim; robert paul; awfoto; Frank Rykena; agil (2); Klaus-Peter Adler; agil (2); **111:** Mele Avery; MEV; Haider Yousuf; Matteo Groppo; Oliver Flörke; agil; Hunta; Sunnydays; Klaus Eppele; picsfive; innovari; MEV; Magali Parise; Stephanie Bandmann; Werner Stapelfeldt; Phuong Nguyen; **112:** Elena Schweitzer (6); Simon Ebel; **113:** Sandra Henkel; Jarp; Ewe Degiampietro; Mihnea Simian; sashpictures; S.White; Wojciech Gajda; Joss; M.Rosenwirth; Franz Pfluegl; kalligra; Orlando Florin Rosu; **114:** MEV; agil; MEV (5); drx; **115:** MEV (2); Christian Schwier; Giovanni Rinaldi; MEV (2); **116:** Marem; mw-photography.com; pixelbelichter; carsten jacobs; Fotolyse; fordprefect77; **117:** Rui Araujo; MEV (2); Amrit G; MEV (2); agil; MEV; **118:** MEV; Uwe Bumann; MEV (2); Qujas; MEV; **119:** reinobjektiv; MEV (4); Cmon; TA Craft Photography; MEV; Martina Berg; **120:** maralbild; ISO K° - photography; Alena Kovalenko; Tan Kian Khoon; MEV; Oscar Brunet; Sigtrix; spuno; Feng Yu; Rena Marijn; Thomas Brostrom; **121:** Carolin Tietz; PA; Evali; MEV (2); alice rawson; MEV; carmeta; **122:** Claus Mikosch; Radim Strojek; siart; vb_photo; lilufoto; Nicholas Piccillo; Isleif Heidrikson; Ken Mellott; **123:** cynoclub; Firenight; MEV; Kzenon; 1000words; Max; **124/125:** Canakris; **126:** Helen Shorey; Olaf Rehmert; galam; Helmut Niklas; Lucky Dragon; martine wagner; felinda; Teamarbeit; felinda; Julian Weber; **127:** llandrea; Elke Dennis; J. Book; felinda; goodluck10; PixelWork; samantha grandy; Irina Fischer; Wolfgang Kraus; Maria.P.; hallona; batibanana22; xmasbaby; Janet Layher; objectif saveurs; Dan Race; Esther Hildebrandt; Alta.C; by-studio; **128:** volff; Rebel; Westa Zikas; Inga Nielsen; Alessio Cola; Leonid Nyshko; Nessi; Eva Kahlmann; gradt; Leonid Nyshko; Squareplum; Elena Schweitzer; yamix; sil007; HLPhoto; Fotomenne; ason; Onno Brandis; Richard Griffin; blende40; **129:** HLPhoto; Jesús Arias; Rony Zmiri; TonyBonus; Barbara Pheby; HLPhoto; Brett Mulcahy; senoldo; Barbara Pheby; **130:** TLC (13); Yvonne Bogdanski; Birgit Reitz-Hofmann; TLC (2); eyewave; **131:** TLC (3); Aleksandr Ugorenkov; TLC (7); **132:** TLC (4); Bratwustle; TLC (11); lunamarina; TLC; **133:** TLC (8); Pink Badger; TLC (2); Eric Isselée; TLC; **134:** TLC (6); Johnny Lye; TLC (8); Leszek Ogrodnik; TLC (4); **135:** TLC (2); Teamarbeit; TLC (15); Inga Nielsen; **136:** TLC (7); The One; TLC (9); pixelstore; eyewave; TLC; **137:** TLC (20); **138:** TLC (14); **139:** TLC (20); **140:** TLC (4); Klaus; TLC (4); **141:** TLC (5); Oliver Rüttimann; TLC (3);

BILDNACHWEIS

142: demarco; Kati Molin; Frofoto; picsfive; blende40; Only Fabrizio; Sly; HLPhoto; Rcsolutions; Uwe Bumann; Richard Oechsner; nextrecord; Pictures4you; liveostockimages; Teamarbeit; Ghost; **143:** Michael Kempf; Designer_Andrea; gnadklaus; Feng Yu; Fanfo; Liv Friis-larsen; Andreas Haertle; Kimberly Reinick; Inga Nielsen; LianeM; Elena Schweitzer; foodinaire.de; **144:** flashpics; Ljupco Smokovski; Scott Karcich; Blue Lemon Photo; Stefan Balk; Elenathewise; Ljupco Smokovski; MariusdeGraf; blende40; HLPhoto; Birgit Reitz-Hofmann; Klaus-Peter Adler; Fanfo; haveseen; decor1; Inga Nielsen; **145:** Okea; Ljupco Smokovski; Teamarbeit; Jörg Launer; Eisenhans; Stefano Tiraboschi; picsfive; Gregory Cristal; eyewave; Julián Rovagnati; Claudio Baldini; Gresei; Steve Cukrov; quayside; haveseen; justin maresch; photo-dave; Nitr; Hubert Nacken; **146:** Canakris; Sergey Minaev; Stephanie Eckgold; Vadim Ponomarenko; Michael Röhrich; manla; **147:** Christian Jung; Boris Ryzhkov; Lilyana Vynogradova; Esther Hildebrandt; Douglas Freer; mashe; Paul Cowan; Fatman73; mekcar; arkpo; Aleksey Kondratyuk; Andrea Wilhelm; Viktor; Ramona Heim; Eldin Muratovic; sil007; Natalia Mylova; matka_Wariatka; GeoM; momanuma; ExQuisine; Profotokris; **148/149:** Janis Lacis; **150:** Andreas Wolf; mirpic; Maria.P.; Günter Menzl; pics; BildPix.de; hapa7; Rudolf Tepfenhart; Franz Pfluegl; martini; Niels Norden; **151:** philipus; Kenneth McEwen; Bernd Kröger; Stefan Baum; Willi; Marion Neuhauß; Dreadlock; mirubi; fafoutis; agil; Torsten Doppler; Otto Durst; Salanowski; DeVIce; **152:** robert lerich; Scanrail; voluta; **153:** O.M.; fba70; Andre Nantel; Stefan Balk; Ignacio Brosa; HaFaDi; Flexmedia; Alexander Reitter; w14a; oliver-marc steffen; Pippa West; FK-Lichtbilder; mdavid; **154:** Urbanhearts; oscity; Bernd Kröger (2); Mikel Wohlschlegel; Cole MacD; p_gangler; **155:** Jo Chambers; Gorgsenegger; Dark Vectorangel; foto.fritz; senoldo; Bernd Lang; R Mcwilliam; Rene Schmidt; ecomeda medien; Andreas Kiewitt; Paylessimages; Terrance Emerson; **156:** Spargel; Andris Piebalgs; Spargel; Katja Ullrich; Robert Knight; Thomas Aumann; agil; Monkey Business; Pavel Losevsky (2); Heiner Witthake; **157:** Pavel Losevsky; Udo Kroener; Gina Sanders; argo74; negrobike; Monkey Business; fuxart; Bernd Kröger; wjarek; Sven Weber; Starpics; agil; Pavel Losevsky; mangostock; Klaus Eppele; Starpics; **158:** Palabra; svort; Friday; Kasoga; agil; by-studio; agil; Robbic; milosluz; Nik; devulderj; richard villalon; PaulPaladin; **159:** Bernard BAILLY; Edyta Pawlowska; Martina Berg; Birgit Reitz-Hofmann; Franz Pfluegl; NiDerLander; agil (3); victoria p.; Thomas Perkins; **160:** manipulateur; Vitaly Maksimchuk; Milissenta; bourger; Daniel Kühne; bellyferriter; Silkstock; fefufoto; PHOTOunterwegs; Eisenhans; **161:** Roman Milert; Yury Zap; LaCatrina; Digitalpress; robynmac; Aamon; Emilie Gallois; Anton Balazh; PANORAMO.de; agil; Martina Berg; Herbie; Monkey Business; Starpics; negrobike; Monkey Business; Anne Katrin Figge; Birgit Reitz-Hofmann; **162:** anthony taugeron; Vittorio Stasi; Michael Flippo; milosluz; Rafa Irusta; Rafa Irusta; drubig-photo; D. Fabri; Michael Homann; christian42; **163:** Pixelwolf; agil; Ralf Siemieniec; ElenaR; fuxart; agil; Paul Fleet; michanolimit; Shockmotion; André Reichardt; objectsforall; endrille; Feng Yu; Beckie; Sebastian Kaulitzki; agil; **164:** Szasz-Fabian Erika; Max Tactic; Christian Jung; Christian Jung; Gramper; objectsforall; M S; DeVIce; lantapix; Tomasz Trojanowski; OlgaLIS; Anastasia Tsarskaya; d-jukic; agil; Yuri Arcurs; Kzenon; Viktor Pravdica; bbroianigo; Stefano Maccari; Kzenon; Digitalpress; Liv Friis-larsen; CandyBoxPhoto; **165:** knirzporz; flashpics; Siegfried Schnepf; Patricia Hofmeester; Dan Race; Kalle Kolodziej; Leah-Anne Thompson; fotodesign-jegg.de; Pavel Losevsky; Kirill Livshitskiy; **166:** fotoman_65; gandolf; Pefkos; philipus; agil; Diorgi; Christa Eder; Diorgi; **167:** shoot4u; Andre; Birgit Reitz-Hofmann; AGITA LEIMANE; hoangthinguyet; Kitch Bain; agil; agil; M S; **168:** Spargel; sonne Fleckl; Pavel Losevsky; James Steidl; Diana Kosaric; Pumba; Jacques PALUT; Deklofenak; Michael Gerlach; Carmen Steiner; **169:** Daorson; Monkey Business; Thomas Aumann; blende40; Angela Shirinov; Patrycja Zadros; Tomo Jesenicnik; Jürgen Priewe; th-photo; Karen Roach; **170:** Ferenc Szelepcsenyi; agil; Visual Concepts; agil; Ueli Riegg; Pasc06; Blue Wren; Paylessimages; frederic; Eduard Härkönen; agil; MP2; **171:** Günter Menzl; Dmytro Konstantynov; agil; Jan Rose; sk_design; agil; Hunta; Pavel Losevsky; agil; **172:** drx; Kzenon; agil; hsfelix; Stas Perov; James Steidl; buFka; Dmitry Vereshchagin; Fulya Bayraktaroglu; Twin Bridges Photo; photolens; Nikolaj Grigor'ev; **173:** ma_photo; Dirk Schumann; yang yu; Dzmitry Lameika; James Steidl; **174:** apfelweile; Uschi Hering; emeraldphoto; silencefoto; Ericos; jerome signoret; drubig-photo; small tom; **175:** MUE; Dmitri Mlkitenko; Vladislav Lebedinski; garloon; MUE; coco194; small tom; agil; Gabi Günther; photlook; Izaokas Sapiro; **176:** agil; El Comandante; ktsdesign; agil (3); photoillustrator.eu; El Comandante; Dimitri Surkov; **177:** Yuri Arcurs; DWP; DeVIce; vgstudio; Kzenon; Yuri Arcurs; agil; David Büttner; worgullm; pics; **178/179:** Stefan Richter; **180:** fuxart; Gina Sanders; marioiram; chris74; Uwe Bumann; séb_compiegne; yagabunga; Daniel Hohlfeld; Irina Fischer; **181:** etany; Light Impression; bellyferriter; haitaucher39; Gerhard Seybert; Fotolyse; Gudrun Sonder; Gerhard Woschniok; **182:** Mihai Musunoi; WoGi; Michael Neuhauß; Starpics; agil (2); **183:** Fatman73; Mladenov; **184:** Phototom; Angelika Bentin; Marco Richter; frogfisch; Imaginis; George Dolgikh; Shrimp Graphic; alma_sacra; Torsten Lorenz; stock4you; Dmitrijs Dmitrijevs; Marco Haase; **185:** ping han; picprofi; soenke_hh; jörn buchheim; Vuk Vukmirovic; PixMedia; Miredi; Stefan Redel; Jean-Pierre; WoGi; **186:** Julien Jandric; Sascha Bergmann; claudia Otte; RUZANNA ARUTYUNYAN; **187:** DIREKTHIER; Dron; Alterfalter; m.schuckart; tm-photo; Sebastian Bernig; E. Müller; 3drenderings; arsdigital.de; Len Green; Ruslan Olinchuk; braverabbit; Tinka; Maksim Toome; Brocreative; Christopher Dodge; Vladislav Gajic; DeVIce; uwis; **188:** Luc MARTIN; fuxart; synto; **189:** Kramografie; Harald Soehngen; Milos Markovic; Emmanuel MARZIN; Idelfoto; Uplandpics; Hubertus Theile; Jacques PALUT; Milosz Wozaczynski; Jaspal Bahra; Jacques PALUT; Iv Mirin; agil; Amy Walters; **190:** Nidor; Forgiss; **191:** Laurin Rinder; giemmephoto; Walter Luger; Andrus; Keith Tarrier; CTR Photos; Michael Fritzen; Gotzen; david.asch; **192:** pixUneed; M.Rosenwirth; MyTrainArt; Frank-Peter Wendt; LianeM; VeSilvio; Steve Cukrov; Gotzen; **193:** rotschwarzdesign; Gotzen; Sven Furrer; Yvonne Prancl; tournee; pixUneed; manu; Konstantin Yuganov; jazavac; Jacek Chabraszewski; Marcel Mooij; Sandor Jackal; **194:** Radu Razvan; Georg Tschannett; philipus; Thaut Images; Stefan Richter; Andres Rodriguez; Jenny Thompson; photlook; Thaut Images; Nabil BIYAHMADINE; Anne Katrin Figge; Dawid Jankowski; Udo Kroener; Bergfee; Leticia Wilson; Blaubierhund; Manfred Steinbach; coco194; Kaarsten; Günter Menzl; **195:** agil; Georgios Alexandris; carsten jacobs; Marion Neuhauß; Kelvin Cantlon; Fedor Sidorov; davidundderriese; **196:** Markus Gössing; Mario Schulze; Alexey-Fyodorov; Markus Schieder; Bernd_Leitner; deleted; victoria p.; Carlos_muc; **197:** Andrew Barker; Eray; **198:** daboost; Ivan Hafizov; Ivan Hafizov; Dagmar Richardt; Jgz; Geo Martinez; starush; Carlos Santa Maria; objectsforall; **199:** sculpies; Petra Dindas; Maria Adelaide Silva; Maria Adelaide Silva; Johnny Lye; Kaarsten; agil (2); adisa; William Casey; Mike Haufe; Wolfgang Feischl; spuno; Udo Kroener; Elenathewise; Frank Eckgold; James Steidl; TMAX; Sven Weber; **200:** Aviator70; Günter Menzl; Malina; Christian Jakimowits; Malbert; eric cabasse; Thomas Weitzel; Charles Shapiro; Sascha Hahn; philippe montembaut; Rosi; NesaCera; MAXFX; **201:** bullshead; Guido Thomasi; linous; Carmen Steiner; michael luckett; Anyka; Michael Homann; HelleM; Argonautis; Anne Katrin Figge; Witold Krasowski; Coka; Jeanette Dietl; **202:** sandra zuerlein; hachmeister; Andreas Wechsel; Ironical Photos; Ralf Gosch; flucas; Thomas Reimer; Dennis Aldag; Markus Lechtenböhmer; Flying-Tiger; Immo Schiller; Carabay (2); Romain LETANG; Horst Schmidt; visuals-and-concepts; **203:** Martin; linous; Bouwman; Sergej Seemann; OutdoorPhoto; Vic; npologuy; darephoto; Daniel Garcia; Stefan Baum; Arthur Adams; DannyBayne; Otmar Smit; oliver-marc steffen; BildPix.de; PicMan; Gabriele Rohde; Jennifer Arcuni; Antje Lindert-Rottke; loppu; konrad Bednik; **204:** Kim Warden; michelangelus; agil; tom; agil; cristimatei; **205:** Peter Hansen; Georg Lehnerer; **206/207:** Volker Krause; **208:** Anchels; Yvonne Bogdanski; simonkr; Eray; Nymph; photoillustrator.eu; XtravaganT; jllm; Henry Schmitt; TA Craft Photography; sculpies; Franz Pfluegl; James Steidl; zothen; Monkey Business; henryart; SOMATUSCANI; **209:** Gina Sanders; momanuma; Sven Weber; pati; Yong Hian Lim; Yuri Arcurs; Shirley; Stephen Coburn; **210:** Klaus Eppele; TMAX; Barbara Pheby; agil; **211:** Graça Victoria; rimglow; rgbdigital.co.uk; Petra Schlösser; Nikolay Levitskiy; BoL; by-studio; john lee; Nathalie P; UMA; BoL; paul prescott; agil; Pierre Moussart; agil; Mikael Damkier; agil; **212:** spe; knirzporz; fefufoto; luchs07; Ralf-Udo Thiele; Graça Victoria; Harry HU; VRD; William Berry; Haris Rauf; RTimages; agil; buFka; liveostockimages; proffelice; chris74; **213:** Udo Kroener; Yanterric; Yong Hian Lim; Ewe Degiampietro; Chad McDermott; Lars Christensen; Ashkan Nasirkhani; markus spiske; Fotografiesbg; Yong Hian Lim; mr.lightning; **214:** agil; Nevermore; Ilya Shulman; ely2000; agil; Natalja Knauer; design56; kubais; Tomasz Wojnarowicz; WavebreakMediaMicro; jumedita; **215:** PeJo; Elenathewise; arthurdent; Dmytro Panchenko; Aleksei Potov; Maksud; agil; la_photog; **216:** PeJo; photoinsel; Doreen Salcher; Chad McDermott; drubig-photo; arsdigital.de; Adagio; **217:** Uranov; oliver-marc steffen; Elenathewise; Elena Moiseeva; Maren Detering; Lisa F. Young; Esther Hildebrandt; Farina3000; contrastwerkstatt; Thomas Gebhardt; ideefotodesign; multimartinator; Viktor Gessler; **218:** Harvey Hudson; Gordon Bussiek; goce risteski; VRD; Veniamin Kraskov; LoopAll; Marie-Thérèse GUIHAL; **219:** mkrberlin; nyul; Oliver Flörke; ArtHdesign; agil; FM2; Jenseman04; Marc Dietrich; Matthias Gruel; agil; **220:** karam miri; Andrea Schiffner; Stocksnapper; Dmitry Rukhlenko; Galyna Andrushko; Klaus Eppele; photlook; Gino Santa Maria; **221:** Antonio; by-studio; Nik; Viktor Isaak; Elenathewise; Cmon; nunezxii; **222:** Pablo Jeffs; vanessa martineau; giangi555; gilles lougassi; David Pruter; pressmaster; Mathias Weigand; Mikael Damkier; agil (2); Sylvie Thenard; **223:** NorthShoreSurfPhotos; khorixas; iofoto; Rick Olson; Yong Hian Lim; Alexstar; Reiner Wellmann; alegalassi1978; maron; Al Rublinetsky; FrankU; **224:** Engels; crimson; Katja Xenikis; 47media; AndreasEdelmann; Martina Chmielewski; Sandor Jackal; Sebastian Kaulitzki; andreas reimann; dudek; C van den Broek; Ivonne Wierink; **225:** Glenda Powers; maler; skyf; christian-colista; kosoff (2); lekcets; mark yuill (2); Markus Lohninger; puje; **226:** 3d-Master; Jose Gil; Alexander Mamich; vision images; Sachs500; Ro; philippe Devanne; rgbdigital.co.uk; mark yuill; Dario Sabljak; mankale; theres; **227:** Joachim Wendler; Xavier; Birgit Reitz-Hofmann; roswitha wesiak; Michael Pettigrew; Lucky Dragon; kai-creativ; DeVIce; Radovan Kraker; Amy Walters; Foto Datzer; Carina Hansen; **228:** M.Jenkins; mirkLe; Bergfee; deleted; Jonathan Larsen (2); Anjo Eijeriks; fotografiche.eu; Henryk Sadura; agil; **229:** David H. Seymour; BBB3; Friedberg; spuno; pixelpainter47; Markus Schieder; reises; Wolfgang Karg; Agyongyi; **230:** Peter Kirillov; Oksana Duschek; Bertram Klehenz; philippe Devanne; Michael00001; Vadim Ponomarenko; agil; **231:** Bertram Klehenz; Tom Davison; Martin Abegglen; lofik; Klaus Eppele (2); agil; emmi; agil; Christa Eder; Karina LS; mipan; Bianka Hagge; éric bargis; **232:** Martina Berg; Gerhard Führing; PA; Philippe LERIDON; bernard favril; Christa Eder; **233:** diavoletto; Leonardo; Dron; agil; Tony; Olga Khoroshunova; Heiner Seidl; LianeM; **234:** Brotz Medien; Marco Zapf; bernard CLOSS; Jennifer Arcuni; smarti; Ahmed Zahid; Dmitry Pichugin; Doderino; Klaus Gilg; mikey; LAURA; Serg Zastavkin; **235:** Clément Billet; Christian Kühn; alper nakri; David Kolöchter; OHRAUGE; martin filzwieser; Markus Plank; Romy1956; Windowseat; alephnull; Vitaliy Hrabar; Tilio & Paolo; lool; Alfred Richter; **236/237:** Sascha Burkard; **238:** agil; noppom0510; Renate Hermanns; Frank-Peter Wendt; Michael Nitsche; ernstboese; DAV; Emilia Stasiak; **239:** twistah; LianeM; Irochka; Zbigniew Nowak; Andrey Semenov; agil (5); **240:** marilyn barbone; Ewa Brozek; Christian Jung; Fotolyse; lamax; Carola Schubbel; Jan Will; SyB; arquiplay77; **241:** pixelio.de; agil (2); Philipp Sürth; ReinhardT; Jan Will; lamax; galam; **242:** rotoGraphics; macroart; Pampalini; urosr; high_resolution; Erik Simons; **243:** pixelio.de; Nathalie P; Maria Brzostowska; Volkmar Gorke; beatuerk; Andrea Wilhelm; René Metzler; Ravyn of Darkwood; LianeM; Iosif Giannakopoulos; Mirja; caja; Kimberley Hurd; fuxart; Kalle Kolodziej; Trine Möller; **244:** Galyna Andrushko; pixelio.de; agil; Heino Pattschull; Ivonne Wierink; RedTC; Birgit Reitz-Hofmann; Heinz Waldukat; **245:** emmi; Daniel Fuhr; emer; Irata; Grischa Georgiew; Emilia Stasiak; Daniel Fleck; **246:** Amaro; Franz Pfluegl; Daniel Fuhr; Grischa Georgiew; Patrick Hermans; Tanja Bagusat; Reinhold Stansich; Olga Struk; Uhland; **247:** Christian Lück; Maria Brzostowska; emer; honda vita; Irina Fischer; Joy Fera; Christoph Hähnel; Bo Valentino; pavelr; HP_Photo; Marty Kropp; Roman Ivaschenko; Elenathewise; **248:** Maria Brzostowska; kernel; Frank-Peter Funke; D. Fabri; Marty Kropp; LianeM; M.Rosenwirth; Magdalena urawska; **249:** buttongirl; Norman Chan; StarSoftGx; agil; manu; Thaut Images; Florian Rink; Thomas Wöhrle; joe825; Irina Fischer; Karin Lau; Zorro12; Hector Fernandez; **250:** Valeriy Kirsanov; Richard Blaker; Bogdan Dumitru; john barber; Albo; Aussiebloke; Thomas Bedenk; ermi; Henryk Olszewski; dabjola; Yaroslav Gnatuk; Jamie Wilson; **251:** yellowj; JPS (3); Kapley; João Freitas; Amos Struck; Warren Rosenberg; James Steidl; David Igreja; Carola Schubbel; rphotos; Ben Pfeifer; arnowssr; **252:** Wol; felinda; Iffile; Ornitolog82; Eric Isselée; Marty Kropp; AlienCat; **253:** wildman; agil; DirkR; chas53; meoita; aquariagirl1970; AlienCat; Gregor Buir; Instantly; Marty Kropp; Accent; Marty Kropp; **254:** DeVIce; StarJumper; agil; Lux; Martina Berg; Jan Will; chasingmoments; kiki; Nicole Kühl; **255:** Dmitry Pichugin; Eric Isselée; AlienCat; enens; StarJumper (2); agil; Thomas Melcher; AlienCat; Sly; Eric Isselée; Joachim Neumann; Marty Kropp; **256:** cbpix; b.neeser; lunamarina; Eric Isselée; LFChavier; Travelfish; Mor Arditi; **257:** Geoff Hobbs; Lija; Mathias AOUN; Hennie Kissling; Stefan Richter; pixelio.de; Dario Sabljak; Mäusefänger; **258:** TSOMBOS Alexis; Wolfgang Staib; Carola Schubbel; odze; Sonia Anne; ivanagott; Peter Eggermann; NIK; franck steinberg; Eric Isselée; Andrey Ivanov; **259:** Marty Kropp; StarJumper; Eric Isselée; Thaut Images; Melissa Schalke; Frank Wiechens; Xavier MARCHANT; Dmitry Pichugin; StarJumper; **260:** anankkml; Gary Scott; Kitch Bain; Lennartz; foto-stuemper.de; Mohamed Hayat; Steve Degenhardt; EcoView; Frank; **261:** Dmitry Pichugin; Jürgen Hust; Andrea Sachs; Jens Klingebiel; dzain; Renate Micallef; LHX; erectus; Vladimir Melnik; Xaver Klaußner; Jacinto; John Casey; Goran Bogicevic; Paul Moore; **262:** salmagundi; Janet Thorpe; Maksym Gorpenyuk; Close Encounters; Michael Homann; YURY MARYUNIN; Wolfgang Kruck; Marty Kropp; pixelio.de; reinobjektiv; Graham; siffed; Bernd Kröger; Yuly Azrelyan; Nicolas Larento; COwens; Accent; Findus2000; **263:** atlang; Pieter Bregman; agil; Marzanna Syncerz; Natalie; Picturenick; Magali Parise; Carmen Steiner; Oleg Kozlov; Michaela Pucher; Beth Van Trees; dragon_fang; **264:** Rémy MASSEGLIA; Eric Isselée; anoli; Matthias Buehner; Michael Klug; Harald Lange; prints2buy; sunday pictures; **265:** Marty Kropp; Eric Isselée; Accent; James Steidl; Brenda Carson; Kseniya Abramova; Barbarette; Kseniya Abramova; Foto-Biene; **266/267:** DIDEM HIZAR; **274:** DeVIce; **275:** andreas; Mikko Pitkänen; Gotzen (10); Sly; Grzegorz Kwolek; **277/278:** LaCatrina; **279:** LaCatrina (6); Gotzen (6); **280:** Andry(ii) Gudets; originalpunkt; Delph- images; TreePhoto; Silkstock; Hastra; pmphoto; koinseb; Galyna Andrushko; claudia Otte; Grischa Georgiew; Leah-Anne Thompson; Dmitri Brodski; Stas Perov; Kenike Mana'o; Freefly; **281:** Nicole Kühl; schachspieler; Jose Gil; Patrizia Tilly; ≠ruscello; euthymia; **282/283:** PaulPaladin; **284:** NGV; **285:** Gokce Goksel Buyuker (2); NGV; **286:** NGV; **287:** NGV (9); wiw; Viktoriya Sukhanova; **288:** NGV (2); **289:** NGV; Natasha Art; Michael Hieber; **290:** NGV; **291:** NGV; Vivien Gstrein; Galyna Andrushko; **292:** NGV; **293:** NGV; **294:** NGV (2); **295:** NGV; **296:** NGV; **297:** NGV; **298:** Stefan Lochmann; Doderino; Andreas Wechsel; DeWe; Martina Topf; Anton Prado PHOTO; Volker Beck; victor zastol'skiy; fuxart; IMaster; Petra Bihlmaier; Matthias Krüttgen; Lars Meyer; **299:** Stefan Rajewski; Stephen Coburn; PaulPaladin; **300:** Tjefferson; senoldo; agil; Li-Bro; ceejay; Jean Kobben; herb-art; BabylonDesignz; Li-Bro; Jugulator; Lars Koch; benoit sarasin; alexvs; kimihito; senoldo; Argus; Iuliia KOVALOVA; Bär; Jean-Jacques Cordier; **301:** peter neu (12); **305:** Kelly Ann; Petr; Patrick Hermans; **306/307:** vanda